|윤태호의 사고력 길라잡이|

상식 밖에 길이 있다

윤 태 호 지음

인간은 두뇌에 저장하고 있는 정보를
제대로 활용하지 못한다.
활용하지 못하는 정보는 무의미하다.
정보를 활용하지 못하게 하는 것은
고정관념 때문이다.

고정관념은 반복경험에 의해 생긴다.
우리가 만나는 상황은
보편적인 경우 외에도 다양한 경우가 존재하며
상식 이외의 경우에 대한 대비책도 필요하다.

프·롤·로·그

　인간의 특징은 그 어떤 생명체보다 사고력이 뛰어나다는 것이다. 인간이 가진 탁월한 사고력은 오늘날 과학 문명의 발전은 물론 우주를 지배하게 한 원동력이 되었다. 사고력이 뛰어난 인재가 모인 국가는 전 세계의 경제, 과학, 군사, 문화 등 다방면에서 주도권을 행사한다. 또 사고력이 뛰어난 개인은 각자 속한 분야에서 경쟁력의 우위를 점하고 있다.

　사고력이 뛰어난 사람은 성공할 가능성이 매우 높다. 사고력은 인간이 직면하는 문제를 해결하거나 새로운 목표를 달성하는데 필요한 핵심적인 요소다. 우리 사회에 각 분야에서 두각을 나타내고 있는 사람들 역시 대다수가 사고력이 뛰어난 사람들이라는 데 이견은 없을 것이다. 두각을 나타내고 있는 사람들 중에는 그 분야를 공부하고 연구하여 많은 지식과 정보를 갖고 있는 사람들도 있지만 정규 교육을 많이 받지 않았는데도 두각을 나타내는 사람들이 적지 않다.

영화계의 대부라 할 수 있는 임권택 감독, 바둑계의 조훈현과 이창호, 패션계의 김동수도 학력이 고작 중학교 중퇴내지는 고졸 수준이고 컴퓨터 프로그래머의 1인자로 알려진 칵테일의 이상협 사장도 고등학교 성적이 체육하나 빼고 모두 '가'였다고 한다.

최근에야 대학을 나오지 않은 사람이 거의 없어 양상이 달라졌지만, 우리나라 최고의 경영자로 손꼽히던 경영계의 고 정주영 전 현대그룹 회장이나 노벨평화상을 받은 김대중 전 대통령은 그 분야를 많이 공부한 사람들이 아니었다. 만일 지적 정보가 핵심이었다면 일류대학 경영학과를 나온 사람이 최고의 사업가가 되었을 것이다. 또 일류대학의 물리학과나 화학과를 나온 사람이 발명을 더 많이 했어야 할 것이지만 실상은 그렇지 않다.

정치인들도 마찬가지다. 우리나라 최고의 법대를 나온 이회창 후보가 상업고등학교 출신의 김대중 후보와 노무현 후보에게 대선에서 패했다. 또 유명대학의 경영학을 전공한 사람보다 전공하지 않은 사람이 기업을 성공적으로 이끌어 가고 있는 경우가 적지않고 각 분야마다 그러한 현상이 나타나고 있음은 어렵지 않게 볼 수 있다. 법관이나 공무원, 교사, 연구원 등과 같이 진입 장벽이 있거나 해당분야를 공부한 사람들 끼리만의 제한적인 경쟁구도를 제외하면 말이다.

사고력은 경쟁력을 결정하는 핵심요소다. 그렇다면 사고력을 결정하는 것은 무엇일까? 사고력의 일차적 요소는 정보력이다. 사고력에 있어서 정보는 음식을 만들 때 냉장고 안의 재료가 얼마나 질이 좋고 다양하고 풍부한가와 같다. 냉장고에 들어 있는 음식 재료들은 음식을 만드는데 반드시 필요하고 유용하다. 재료의 풍부함은 음식의 종류를 결정하는 핵심요소다. 하지만 재료가 많다고 해서 반드시 맛있고 다양한 음식을 만들 수 있는 것은 아니다. 음식을 만드는 사람의 재료를 활용하는 능력에 따라 음식의 맛과 종류가 달라진다. 아무리 많은 재료가 있어도 어떤 재료와 어떤 양념이 궁합이 맞는지 또 새로운 음식을 만들 수 있는 자신만의 독특한 방법이 없다면 맛있고 새로운 음식을 만들 수 없다.

반면 음식 재료는 많지 않더라도 나름대로 궁합을 맞추고 모양을 만들어서 조리 방법을 달리하면 맛깔나고 새로운 음식을 만들어 낼 수 있다. 주어진 조건들을 얼마만큼 잘 활용하느냐에 따라 결과물이 달라진다는 것이다. 이것은 곧 지적정보와 사고력이 반드시 비례하는 것은 아니라는 것이다. 머릿속에 들어있는 것은 많은데 정작 필요할 때 유효 적절하게 활용하지 못한다면 현실적 사고력은 떨어진다는 것이다.

그렇다면 아는 것은 많은데 왜 정작 필요할 때 사용하지 못하는 것일까? 그것은 바로 고정관념 때문이다. 고정관념은 인간의 뇌를 일정한 틀에 가두어 둔다. 분명히 알고 있는 정보인데 필요할 때 제대로 활용하지 못하게 한다.

고정관념은 사고의 유연성을 떨어뜨리고 독창적 사고를 방해한다. 고정관념을 파괴할 때만 새로운 발상이 가능한 것이다.

많은 것을 아는 것이 사고력에 도움이 되는 것은 당연하다. 하지만 활용하지 못한다면 아는 것은 무의미하다. 때론 오히려 많이 알고 있다는 것이 사고력과 문제해결에 장애요소로 작용하는 경우도 적지 않다. 아는 것이 고정관념으로 작용할 경우 도리어 사고의 폭이 제한되어 사고력에 악영향을 미친다. 문제해결을 함에 있어서 자신의 정보를 활용하지 못하게 하는 즉, 사고의 유연성과 독창성을 방해하는 고정관념을 깨는 것은 자신의 앞길을 가로막는 문제를 해결하고 새로운 목표를 달성하고 성공으로 가는 데 매우 중요한 요소다.

이 책은 고정관념으로 인해 사고의 폭과 깊이가 제한받는 요인을 제거하는 방법을 습득하고 훈련하는 책이다. 상식이라는 틀에 갇혀 다양하고 독창적인 사고를 못하게 방해했던 고정관념을 깨고 사고력의 날개를 달고 훨훨 날을 수 있는 사고력의 소유자가 될 수 있도록 도와줄 것이다.

2011년 4월 윤 태 호

CONTENTS

| 제1부 |

두뇌를 진단하라

윤태호의 사고력 길라잡이 **상식 밖에 길이 있다**

나의 두뇌는 정상인가?

◈진단

한 필지의 밭에서 꿩 5마리가 모이를 주워 먹고 있었다. 사냥꾼이 그 중 1마리를 사살했다면 5마리 중 현실적으로 그 밭에 살아남아 있는 꿩은 몇 마리일까? (2분)

➤ 계산상으로가 아니고 현실적인 답을 제시해 보시오.
➤ 문제의 조건을 꼼꼼하게 읽어 보고 풀어보시오.

◈풀이

당신이 제시한 답은 몇 마리였는가? 설마 네 마리 중 한 마리가 죽었으니 4마리라고 답하지는 않았을 것이라 본다. 꿩이라는 동물의 특성을 아는 사람이라면…….

그렇다면 몇 마리라고 답을 했는가? 혹 살아서 그 자리에 남아있는 꿩은 한 마리도 없다고 답하지는 않았는가? 아마도 그런 답을 제시했을 가능성이 높다. 꿩은 소리에 민감한 동물이기 때문에 총소리를 듣고 날아갔을 거라고 생각했을 것이다.

그러나 그 답은 정답완전한 답이 아니다. 총소리를 듣고 날아가지 않을 꿩이 있겠느냐고? 하지만 그렇게 생각한 것은 자의로 판단한 결과이지 현실적인 답은 못된다. 그것은 고정관념의 결과물이다. 지금부터 당신이 얼마나 많은 고정관념을 갖고 있었는지 짚어보자.

첫째, 문제에는 총으로 쏘았다는 말이 없다. 사살했다고만 했다. 그런데 실상과는 무관하게 '총'으로 쏘았다고 단정해 버린 것이다. 문제에는 무엇으로 사살했다고 하는 말이 없기 때문에 사냥꾼이 사살할 수 있는 도구는 모두 해당될 수 있다. 석궁으로 사살했을 수도 있지 않은가! 이 경우 "꽝"하고 소리가 나서 소리를 듣고 날아갔을 것이라고 판단한 것은 분명 큰 오류다. 그것은 부분적인 답은 될지 모르나 정답이 되지 못할 가능성이 크다. 총에 대한 고정관념 때문이다.

둘째, 만일 총으로 쏘았다고 가정해 보자. 그러면 모두 날아갔을까? 그렇지만은 않다. 소음기를 단 총도 있기 때문에 총을 쏘면 반드시 "꽝"하는 소리가 나지 않을 수도 있다. 소리가 났을 것이라고 생각하는 것 또한 현실을 제대로 반영하지 못한 자의적인 판단이다.

셋째, 그러면 총이 정상적으로 소리가 났다고 가정해보자. 그렇다면 모두 날아갔을까? 그렇지만은 않다. 소리를 듣지 못하는 귀머거리 꿩이 없다고 단정할 수는 없는 일이다. 기형이나 비정상적인 사람이 있듯이 그런 짐승도 있을 수 있다.

그러면 아마도 당신은 다음과 같은 반문을 할 것이다. "설사 귀가 먹었더라도 다른 감각을 통해 위험을 인지하지 않겠느냐?" "어떠한 경우가 되더라도 옆에 있는 꿩이 죽는데 날아가지 않을 꿩이 있겠느냐?"고……. 물론 그러한 상식에 입각한 판단에 근본적으로 오류가 있다고 보진 않는다. 그런 판단은 대체로 맞을 가능성이 높다.

그러나 이 경우도 가능성이 높을 따름이지 바른 판단은 아니다. 역시 주관적인 판단일 뿐이다. 꿩이 날아가지 않을 상황은 얼마든지 있다. 바로 옆에 어린 새끼가 숨어있을 경우 새끼가 걱정되어 날아가지 않을 수도 있다. 실제로 놀라서 풀숲에 고개를 처박는 꿩도 있다.

넷째, 한 필지가 수만 평인 밭의 형태가 마치 초승달 모양으로 휘어져 있고 또 주변이 숲으로 둘러싸여 있어서 반대쪽에서는 어떤 일이 벌어져도 알 수 없는 경우는 없는가? 밭의 크기가 자신이 머릿속에 그려 놓은 모양만 존재하는 것은 아니다. 현실적으로 다양한 형태가 존재한다. 모든 경우를 고려한 답을 내놓을 수 있어야 한다. 따라서 위 문제에 대한 정답은 "몇 마리인지 정확히 특정할 수가 없다."라고 해야 한다. 이 경우 답을 몰라서가 아니고 다양한 상황이 존재할 수 있기 때문에 주관적인 판단 하에 단정해서는 안 된다는 것이다. 숫자로 말하고 싶다면 0,1,2,3,4마리 중의 한 경우라고 답을 해야 할 것이다. 상황에 따라 날아가야 한다고 판단한 꿩은 날아갈 것이고 날아갈 이유가 없다고 판단한 꿩은 날아가지 않을 것이기 때문이다.

만일 이 문제에 대한 정답을 맞추지 못했다면 당신은 사냥꾼의 사냥 도구와 꿩의 특성과 밭의 특징에 대하여 보편적이고 상식선에서 단정을 했던 것이다. 즉 고정관념을 갖고 있다는 것이다. 자신이 단정한 것과 다를 경우도 얼마든지 있다. 실상이 단정한 것과 다르다면 그 오판으로 인해 뜻하지 않은 낭패를 볼 수가 있다. 현실에서 이런 문제를 만났는데 그것이 자신의 삶의 성패를 결정하는 중대한 문제였다면 어떻게 되겠는가?

활용하지 못하는 정보

필자가 기업체에 근무하는 직원들을 대상으로 문제해결 능력을 측정해 보았다. 이때 제시된 문제는 초등학교 3학년에서 습득한 지식만 가지고 있다면 충분히 풀 수 있는 일상의 상식적인 수준이었다. 어떤 함정도 없고 넌센스 문제도 아니었다. 문제를 접한 사람들은 대체로 문제는 아주 쉽지만 애매모호하다는 반응이었다. 어떤 사람은 곧바로 답을 제시한 사람도 있었다.

그런데 결과는 충격적이었다. 덧셈 · 뺄셈 이상의 지식을 요하지 않는 문제였는데 대학 졸업 이상의 학력을 가진 그룹에서 100점 만점에 평균 10점을 넘지 못했다. 수십 차례 테스트 해 보았지만 결과는 마찬가지였다. 어떤 그룹은 평균 0점인 경우도 있었다. 초등학교 수준이면 해결할 수 있는 덧셈 · 뺄셈 정도의 수준의 문제인데도 말이다. 그 이유는 문제해결에 필요한 지식은 있지만 자신에게 저장된 지식을 제대로 활용하지 못했기 때문이다.

활용하지 못하는 정보는 무의미하다. 자신이 가지고 있는 정보를 활용하지 못한다면 마치 불이 났을 때 소화기의 사용법을 몰라서 불을 끄는데 소화기를 전혀 활용하지 못하는 것과도 같다. 우리는 초등학교에 입학하면서부터 머릿속에 정보를 입력하는 것에만 열중했다. 정상 수업만으로 부족해서 연간 20조 원이 넘는 사교육비를 들여 가면서…….

우리가 그렇게 얻은 수많은 정보들을 과연 얼마나 활용하고 있을까? 실제 확인한 바에 의하면 인간은 자신이 가지고 있는 정보를 대부분 활용하지 못한다. 상식적으로 알고 있는 정보를 필요할 때에 자신의 지식으로 제대로 활용하지 못한다는 것이다. 앞의 예시 문제처럼 단순하고도 쉬운 문제를 제대로 풀지 못한 것도 같은 이유에서이다.

▩진단

청주에 있는 공립학교에 다니는 아들이 있다. 그런데 아들은 학교의 일본어 선생님으로부터 너무 심한 스트레스를 받아 더 이상 학교에 다니고 싶지 않다고 한다. 그 말을 들은 그의 어머니는 6개월만 더 다니면 평생 그런 조건에서는 학교에 다닐 일이 없는데 6개

월만 참고 다니라고 사정을 한다. 아들의 나이는?(3분)

▨풀이

혹시 당신은 이아들을 학생이라고 생각하지 않았는가? 그래서 초등학교 · 중학교 · 고등학교 · 대학교 · 대학원까지 동원하지 않았는가? 그중 일본어 과목이 있으니 대략 고등학교 3학년으로 생각하여 19세쯤으로 생각하지 않았는가?

그렇다면 그것은 정답이 아니다. 평생 학교에 다닐 일이 없다고 했으니 중학생도 고등학생도 아니고 대학생도 아니다.

학생은 재수할 수도 있고 도중에 군대를 갔을 수도 있다. 또 4년제 대학 졸업 후 전문대에 입학하는 경우도 적지 않다. 영화 〈맨발의 기봉이〉의 주인공 서산의 엄기봉 씨는 2012년 현재 49세의 나이에 초등학교 6학년에 다니고 있다.

엄기봉 씨(MBC)

칠순에 중학교나 심지어 초등학교 졸업을 하는 경우도 종종 있다. 학생은 나이 제한이 없어 특정된 나이를 계산할 수 없다. 이 경우 학생으로만 한정해서는 정확한 답이 나올 수 없다. 학교에 다니는 사람은 학생 밖에 없다는 고정관념을 깨야 답을 찾을 수 있다.

학교에는 학생만 다니는 것이 아니고 교직원도 있다. 교직원은 정년이 있고 공립학교라고 했으니 정년을 마치면 같은 조건교사, 직원하에서는 더 이상 학교에 근무할 수가 없다. 이아들은 학생이 아니고 정년을 6개월 남긴 이 학교의 선생또는 교직원이다.

경직된 사고

앞서 사고력은 기본적으로 정보력에 기인한다고 언급했다. 하지만 정보가 때로는 다양한 사고를 가로막는 요인이 되기도 한다. 즉, 특정 상황이나 개념에 대한 확고부동한 개념이 다른 사고를 하는 데 악영향을 미칠 수도 있다는 것이다. 다음의 문제를 풀어 보고 그 이유를 생각해 보자.

▨진단

다음과 같이 직선거리가 육지로부터 2Km가 떨어져있는 섬이 있다. 그런데 A지점에서 C지점까지 무기를 실어 옮겨야 하므로 연육교를 놓고 싶다. 이때 무기를 나르는 시간이 전쟁의 승패를 좌우하기 때문에 A지점에서 C지점까지 가장 짧은 거리로 옮길 수 있는 다리를 놓아야 한다. 그런 아이디어를 내는 사람에게 100억의 상금을 준다고 한다.(단 다리는 강의 흐름에 직각으로 놓아야 한다.

즉 A지점과 C지점을 사선으로 연결하는 다리는 안 된다.)

B C

A

✖풀이

아마도 이 문제를 대하면서 이제껏 경험했던 다리들을 떠올렸을 것이다. 한강다리 · 마포다리 · 동네다리 등등…….

그리고 경험상 보았던 폭이 약 40여 미터 내외의 다리를 어디에 어떻게 놓을까 하고 고민을 했을 것이다. 그 결과 A지점에서 C지점까지 사선으로 놓으면 가장 빠르다는 사실을 어렵지 않게 알았을 것이다.

그러나 그렇게는 놓지 못하도록 되어 있으니 어느 위치에 놓을까 고민했을 것이다. 고민한 결과 어느 위치에 놓아도 결과는 같다고 생각했을 가능성이 높다. 그러나 그것은 정답이 아니다. 그렇다면 보다 빠르게 왕복할 수 있는 다리를 놓을 수는 없을까?

방법은 있다. 폭 5Km의 다리를 강 흐름에 직각으로 놓는 것이다. 그리고 A서 C까지 사선으로 곧장 왕복하면 가장 빨리 왕복할 수 있는 다리가 된다. 다리의 폭을 꼭 한강 다리처럼 40여 미터로 제한할 필요는 없다. 필요하면 폭을 10Km라도 놓을 수 있는 것이다.

만일 위의 문제를 해결하지 못했다면 과연 정보가 빈약해서 일까? 다시 말해서 다리를 복개공사 한다는 정보가 두뇌에 없어서 일까? 그렇지는 않을 것이다. 대부분 사람들이 복개 공사된 하천을 많이 보았을 것이고 공사하는 것도 보아왔을 것이다. 복개 공사라는 개념이 결코 새로운 개념은 아니다.

그러나 대부분의 사람들은 이 문제를 해결하지 못한다. 필자의 테스트에 임한 400여 명 중 단 6명만이 이 문제를 해결했다. 결론적으로 대부분의 사람들이 자신의 두뇌 속에 가지고 있는 익숙한 정보를 제대로 활용하지 못하고 있다는 사실을 알 수 있다.

건설회사 임직원들에게 이 문제를 제시했다. 60여명의 응답자중 단 한명도 답을 제시하지 못했다. 복개 공사를 많이 보았고 직접 해보았을 텐데도 말이다. 문제는 답을 알려줘도 공사비는 어떻게 할것이냐며 받아들이지 않는다. 공사비는 따지지 않는다고 해도 좀처럼 받아들이려 하지 않았다. 그들은 공사비를 절약하는 데에 많은 고민을 해왔던 사람들이기 때문이다. 만일 왕복 시간이 국가의 운명을 좌우할 정도의 중대한 문제라면 그래도 넓은 폭의 다리를 건설하지 않겠는가?

실제로 우리 앞에 국가의 운명이 달린 전쟁 상황이 놓였다고 가정해 보자. 이때 건설회사 임직원들처럼 머릿속에서 공사비를 걱정하여 전쟁에서 승리할 방법을 제시하지 못한다면 국가의 운명을 위기에서 구할 수 없을 것이다. 공사비용 때문에 국가를 망하게 할 것인가?

이와 같이 경직된 사고가 사고의 유연성을 떨어뜨려 문제 해결에 필요한 사고를 하지 못하게 하기도 한다. 많은 것을 아는 것이 사고력에 도움이 되는 것은 당연하다. 하지만 알고 있는 것을 활용하지 못한다면 아는 것은 무의미하다. 때론 오히려 많이 알고 있다는 것이 사고력과 문제 해결에 장애 요소로 작용하는 경우도 적지 않다.

아는 것이 고정관념이 될 경우 도리어 사고의 폭이 제한된다는 것이다.

▨정리

앞서 제시한 문제에 대하여 모두 정답을 제시했는가? 정답을 모두 맞혔을 가능성은 높지 않을 것이다. 수많은 사람들을 대상으로 위와 유사한 문제를 가지고 테스트한 결과 대부분은 한 문제도 정답을 맞히지 못했다. 이와 같은 결과에서 알 수 있는 것은 우리가 일상에서 문제를 만났을 때 단순한 문제임에도 불구하고 제대로 해결하지 못할 수 있다는 것이다. 그런 상태로는 초등학교 수준의 문제도 해결하지 못할 뿐만 아니라 창의적 발상을 통한 문제 해결을 기대하기 어렵다.

필자의 설문 결과 지적知的경험이 많고 적음에 관계없이 큰 차이를 보이지 않았다. 고등교육을 받은 사람이 현실에서는 덧셈 · 뺄셈의 지식을 요하는 문제를 제대로 풀지 못한다는 사실에 대하여 어떻게 설명할 수 있는가!

이 문제는 분명 넌센스 문제가 아니고 현실적인 문제다. 문제를 풀지 못한 것은 덧셈 · 뺄셈을 못해서가 아님은 확실하다. 덧셈 · 뺄셈을 못한다면 풀이에 임하지도 않았을 것이기 때문이다. 그렇다면 당신의 두뇌는 뭔가 이상이 있다. 마치 수많은 기능과 용량을 가진 최신형의 컴퓨터가 덧셈 · 뺄셈을 제대로 하지 못하는 것과 유사한 상황이다.

문제가 생긴 컴퓨터는 단순 계산기만도 못하다. 컴퓨터의 용량이 아무리 크더라도 활용하지 못한다면 쓸모가 없게 된다. 이러한 컴퓨터는 치료하지 못하면 폐기처분 할 수밖에 없다. 고쳐야만 제대로 쓸 수가 있다. 인간의 두뇌도 이와 같이 치료해야 한다.

▨쉬어가기

2010년 12월6일 서울대공원에서 새끼 곰 한 마리가 우리를 탈출했다. 이름은 말레이 곰 '꼬마'였다. 꼬마의 탈출이 매스컴을 타면서 많은 사람들이 그의 행방에 관심을 갖게 되었다. 특히 꼬마가 나이 많은 신부 때문에 탈출했다는 사실도 알려져서 더욱 관심을 받았다.

말레이 곰 꼬마는 등산객이 많은 청계산으로 올라갔고 그를 잡으려는 사냥개와 추격꾼들에게 쫓기다가 9일 만에 덫에 걸려 붙잡혔다. 그 후 꼬마는 많은 사람들의 사랑과 관심을 한 몸에 받았다. 평소보다 3배 이상의 관광객을 끌어 모았고 공원 관리인으로부터 특별한 대우를 받았다. 게다가 그의 소원(?)대로 늙은 암컷대신 새 신부를 맞이하게 될 수 있게 되었다.

우리를 탈출한 동물들은 대개 비난의 대상이 되거나 총에 맞아 죽을 수 있는 게 일반적인데 말레이 곰 '꼬마'의 탈출은 일반적인 경우와는 반대로 그의 삶을 행복하게 바꾼 특별한 탈출이었다.

고정관념

정보의 활용을 제한하고 사고력을 제한하는 것은 바로 고정관념이다. 고정관념은 인간의 뇌를 마비시켜서 분명히 알고 있는 정보인데 필요할 때 전혀, 또는 부분적으로 활용하지 못하게 한다. 고정관념은 사고의 유연성을 떨어뜨리고 독창적인 사고를 방해한다.

고정관념을 깨뜨려서 문제를 간단하게 해결했던 유명한 일화를 보자. 미국의 아이젠하워 대통령이 자신의 모교인 육사를 방문했을 때의 일이다. 그가 육사시절 모교의 자랑이었던 장미 숲을 다시 보게 되었는데 장미 숲이 많이 망가진 모습을 보고 안타까워했다. 장미 숲이 망가진 이유는 학생들이 도서관으로 빨리 가기 위해 장미 숲이 있는 정원을 가로질러 다니기 때문이었다. 관리인은 대통령에게 송구하다며 앞으로는 철저하게 막아보겠다고 다짐을 했다.

그 때 아이젠하워는 기발한 착상을 꺼낸다. 학생들이 잘 다니는 장미 숲 사이로 길을 내주면 되지 않겠느냐고 말해 주었다. 그 후 장미 숲 가운데로는 학생들이 다닐 수 있는 길이 생겼고, 더 이상 장미 숲이 망가지는 일이 없어졌다고 한다. 학생들도 만족하고 장미 숲도 해치지 않고 간단하게 문제를 해결한 사례 아닌가!

일본의 한 고속버스 회사에서는 차내 금연을 실시했는데 위반하는 사람들이 많아서 고민이었다. 강제 금연을 실시하자 고객이 줄어드는 문제가 발생했다. 그렇다고 흡연을 하도록 하면 비흡연자들의 불만이 문제였다.

이때 한 직원이 흡연을 하는 사람을 못하게 할 것이 아니고 마음 놓고 흡연을 하게 하자. 그 대신 흡연을 해도 비흡연자들에게 피해가 되지 않도록 흡연석에 연기를 빨아내는 장치를 달자는 제안을 했다. 그 아이디어를 실시한 결과는 대성공이었고 흡연자들에 대한 만족과 함께 회사 경영에 큰 성과를 올리는 요인이 되었다. 게다가 그 아이디어는 특허출원이 되어 다른 측면에서 엄청난 돈을 벌어 준 것이다. 아주 단순한 아이디어였지만 놀라운 효과를 거둔 예다.

위의 두 사례는 사람들의 특정 행위를 막아서 문제를 해결하고자 했던 고정관념을 깨고 역발상을 통해 해결 방안을 찾은 사례다. 이러한 발상들은 정보력의 차이에서가 아니고 고정관념을 깬 사고의 유연성에서 비롯된다.

문제를 해결함에 있어서 자신의 정보를 활용하지 못하게 하는 즉, 사고의 유연성과 독창성을 방해하는 고정관념을 깨는 것은 문제를 해결하고 성공으로 가는 데 매우 중요한 요소이다.

:: 까마귀 포획

외부와는 단절된 외딴섬에 까마귀와 백로 수천 마리가 비슷한 수로 서식하고 있었다. 까마귀들은 특이하게도 한밤중에만 "까악 까악" 하면서 울어댄다.

마을에서는 까마귀는 흉조라며 완전히 없애기로 했다. 마을 사람들은 총이 없었기 때문에 육지에 사는 포수에게 까마귀를 모두 없애준다면 1억의 포상금을 주기로 했다. 포수 10여명이 와서 단 몇 시간 만에 까마귀를 모두 사살해 없앴다. 마을 어디를 봐도 까마귀는 보이지 않았다. 섬에서는 그날 오후 약속대로 1억의 포상을 했다. 그런데 그날 밤 까마귀들이 다시 "까악까악" 하고 울어댔다. 마을에선 도대체 어찌된 일인지 의아해하며 대책을 모색했다. 1억의 포상금을 도로 환수하자는 의견도 있었다. 그들은 포수들에게 전화를 걸어서 다시 와서 까마귀를 없애줄 것을 요청했다.

다음날 포수들이 섬으로 들어왔다. 그러나 까마귀는 어디에도 보이질 않았다. 하얀 백로들만 널려 있었다. 포수들은 까마귀가 어디에도 없다며 환청일수도 있다면서 아무런 조치도 취하지 않고 그

냥 돌아가고 말았다. 그러나 그 후로도 밤마다 까마귀 울음소리는
계속 되었다. 마을에선 숲 속이며 바위 밑, 산과 들에서 까마귀를
찾아내기 위해 혈안이 되었지만 낮에는 어디에 숨었는지 도저히
찾을 도리가 없었다.

　대체 이런 일이 왜 벌어지는 것일까? 나중에 알고 보니 그 섬의
까마귀들은 모두 흰색 까마귀였고 백로들과 뒤섞여 있었던 것이다.
마을 사람들과 포수들이 까마귀는 검은색이라는 고정관념을 갖고
있었기 때문에 벌어진 일이었다.

❌진단

긴급한 약속 때문에 외진 곳으로 가던 중 타이어에 펑크가 났다.
그런데 타이어를 교체하다가 너트 4개중 3개를 분실했다. 임시 운
행을 위해서는 최소 3개는 있어야 하는데 두 개가 부족하다. 주변
에는 차량들도 거의 안 다니고 휴대폰은 불통 지역이다. 약속 시간
은 매우 급하다. 어떻게 하겠는가?

❌풀이

다른 타이어 두 개에서 각 1개씩 빼내어 부족한 타이어에 최소 3개
의 너트를 조립하여 임시 운행한다.

녹색 플라스틱 화분받침으로 무엇을 할 수 있는지 찾아보시오(2분)

■풀이

위의 질문에 대한 당신이 제시한 아이디어를 분석해 보면 두뇌의 상태 즉, 고정관념의 정도를 분명하게 진단할 수 있다.

위의 문제에 대한 당신의 아이디어는 어떤 것들이 나왔는가? 아마도 물그릇, 쟁반, 재털이, 쓰레기통, 소변받이, 개밥그릇, 접시 대용, 장난감 모으는 그릇, 물받이 등과 같이 무엇을 담는다는 발상을 했을 것이다. 이러한 용도는 일상에서 흔히 해보았던 것들이다.

위에 제시된 아이디어들을 분석해 보면 '무엇을 담는다'는 화분받침의 일반적인 용도로 제한되어 있다. 대개의 경우 그 이상의 발상을 하지 못한다.

그러나 실상 그런 용도 밖에 없는가? 예를 들면 큰 화분 받침의 경우 목욕통으로 사용할 수 있다. 높이가 아주 높다고 한다면 의자 대용으로 사용할 수도 있고 뒤집어서 야외용 밥상으로 사용하거나 물 저장 탱크로 사용할 수 있다.

이와 같이 색다른 용도를 생각할 수는 없는가? 일반적인 화분받침의 형태와는 좀 색다른 화분받침은 없는가? 혹 여기서 당신이 그렇게 생긴 화분 받침이 있느냐고 반문한다면 그것은 당신이 이제껏 보아온 화분 받침에 대한 선입견이다. 실제 필요가 있으면 그런 화분 받침을 얼마든지 만들 수도 있고 실제로 존재한다.

그러나 대다수의 사람들은 이를 제시하지 못한다. 두뇌 속에 정보가 없어서가 아니고 그 무언가가 발상을 하지 못하도록 막고 있기 때문이다.

그러면 그 정도 밖에 없는가?

- 예를 들면 콩나물시루로 활용한다.(구멍을 내서)
- 우량계로 활용한다.(눈금을 그어서)
- 모자이크를 만든다.(원하는 형태의 조각을 만들어)
- 국그릇 받침대(동그랗게 오려서) 등과 같이 물리적인 변형을 가해서 보다 더 새로운 것들을 만들어 사용할 수 있을 것이다. 콜럼버스의 계란 깨기 발상처럼 말이다. 문제에 주어진 형태만으로 제한하지 않았다. 무엇이든 할 수 있는 것은 모두 다 해보라 하지 않았는가!

여기서 우리는 한발 더 나아가 창틀을 만든다. 책꽂이를 만든다.

시계 케이스를 만든다. 빨래걸이를 만든다. 장바구니를 만든다. 볼 펜 케이스를 만든다. 컴퓨터 케이스를 만든다.......등과 같은 무한한 방법들을 동원할 수 있다. 재가공 한다면 말이다.

실제 이런 발상은 일상에서 대단히 유용하며 또 적용하고 있다. 폐플라스틱이나 여러 가지 폐품을 부분적으로 재가공 하여 새로운 용도를 창조하는 예가 무수히 많다는 사실을 모르는 사람은 없을 것이다.

그런데 상기와 같은 발상을 할 수 있을 만큼 충분한 정보들을 가지고 있으면서도 거의 활용하지 못하는 경우가 많다. 이유는 두뇌가 수십 센티미터의 강철 같은 고정관념이라는 벽으로 둘러싸여 있기 때문이다. 자신이 알고 있는 정보와는 관계없이 스스로 철옹성 같은 벽을 만들어 놓고 그 벽을 넘지 못하기 때문이다.

만일 당신이 이제 와서 "그런 것쯤 누구는 못하느냐, 간단한 힌트만 주었어도 할 수 있었을 텐데 함정에 빠졌다."고 한다면 그것은 핑계에 불과하다. 당신 스스로가 벽을 갖고 있었던 결과이며 힌트 자체가 발상의 핵심이고 현실에서는 누군가 나타나서 힌트를 주지는 않는다. 다 같이 힌트를 주지 않았음에도 다른 사람들은 생각하지 못하는 파괴적인 발상을 해내는 사람도 있다는 사실을 기억해야 한다.

창의적 발상은 두뇌에 저장된 정보가 많다거나, 고차원적인 정보를 가지고 있다고 해서 나올 수 있는 것이 아니고 고정관념을 깰 때만 가능한 것이다.

▨적용

남자 화장실에 여자가 들어올 수 있는 경우를 찾아 보시오.

▨풀이

남자 화장실에 여자가 들어올 수 있는 경우는 매우 많을 것이다. 다음과 같이 들어와야 할 상황이 되면 들어올 것이다.

너무 다급해서,

남자 아이의 소변을 보게 하려고,

여자 청소부가 청소하려고,

화장지를 갈아 끼우려고,

화장지를 빌리려고,

강아지를 찾으러,

범인에 쫓기다가,

호기심에,

남편을 찾으러,

숨바꼭질 하다가.

여자 화장실로 잘못 보아서,

물건 훔친 도둑을 잡으러,

강제로 끌려와서 등과 같이 무수히 많다.

▨쉬어가기

중견기업에 다니는 김 대리는 외환을 매입하는 업무를 담당하고 있다. 그는 2010년 11월에도 여러 번 외환을 매입했는데 환율이 자꾸 떨어져 회사에 적지 않은 손실을 주었다. 그런 일이 자꾸 반복되자 그는 사장으로부터 잦은 꾸지람은 물론 업무가 맞지 않는다며 부서를 옮겨야하는 상황에 몰렸다.

그러자 그는 다른 회사를 알아볼까 하는 생각을 하기에 이르렀다. 그는 11월23일 오후 3시경 그동안의 손해를 한 번에 만회하려고 전날보다 2원 떨어진 가격에 회사 자금의 50%인 5억 달러를 매입했다. 그런데 종가는 오히려 자신이 매입한 가격보다 6원이나 떨어져 역시 또 손실을 보게 되었다. 그는 회사를 그만두겠다고 결심을 하고 다른 일을 핑계로 바로 조퇴를 하여 인근의 바닷가에 가서 바람을 쐬며 앞으로 무엇을 할까하고 생각했다.

그런데 오후 네 시쯤 사장으로부터 전화가 걸려 왔다. 그는 가슴이 덜컹했다. 예상대로 사장의 첫마디는 외환을 매입했냐는 질문이었다. 그는 매입했다고 힘없이 대답을 했다. 그러자 사장은 얼마나 매입했냐고 다그쳤다. 그는 죄송하다는 말을 연발했다. 너무 많은 자금을 매입해 차마 말을 할 수가 없었다. 사장이 계속 다그쳤다.

다음은 두 사람의 대화 내용이다.

"김 대리, 얼마나 매입했나?"

"많이 했어요."

"얼마나?" 하고 되물었다.

"5억 달러를 매입했는데요."

"김 대리, 잘했어! 살았어! 이 사람아 자네 덕분에 회사가 살았어!" 하고 말하는 것이었다.

김 대리는 "사장님, 그게 무슨 말씀이신지?……."

"오늘 오후 3시 34분에 터졌다고. 북한이 연평도를 공격했어. 환율이 폭등 조짐이야……. 미국과 유럽은 물론 전 세계의 증시가 폭락이야……."

실제 다음날 환율은 하루에 33원이나 폭등하였고 바로 매도하여 단숨에 375억 원이나 벌었다. 김 대리는 선견지명이 있다며 그 덕분에 자리보전은 물론 특진도 하게 되었다. 다들 불안에 떨었던 연평도 포격사건, 그는 겉으로 표현은 못했지만 내심 그 사건이 고마웠다.

당신은 바이러스에 걸렸다

인간의 사고력은 기본적으로 자신의 두뇌에 저장하고 있는 정보의 양과 질에 달려 있다고 한다. 즉, 두뇌에 어떤 정보를 저장하고 있느냐에 따라 사고의 양과 질이 결정 된다는 것이다. 다양하고 좋은 정보를 많이 가지고 있으면 좋은 아이디어를 많이 낼 수 있다. 이런 논리로 볼 때 지식과 경험이 많으면 풍부한 아이디어를 가지고 문제 해결에 유용한 아이디어를 많이 동원할 가능성이 높아진다. 그래서 우리는 태어나면서부터 배우고 또 배운다. 뱃속에서 까지도 배운다. 태교가 바로 그것이다.

그러면 과연 많이 배운 사람이, 정보가 많은 사람이 문제해결을 보다 잘할까? 결론은 그렇지만은 않다는 것이다. 필자가 산업현장에서 근무하면서 경험한 바에 의하면 문제해결을 잘하는 사람들은 결코 지적知的정보가 많은 사람이 아니다. 학력이 높은 사람은 더 더욱 아니었다.

창의력의 결과물인 직장에서의 개선 제안도 고학력자에게서는 별로 찾아볼 수 없다. 전국 제안왕도 대졸자는 찾아보기 힘들다. 중졸이나 기껏해야 고졸이 대부분이다. 최근에야 대학을 안 나온 사람이 거의 없으니 사정이 좀 달라지고 있지만……

물론 그들이 처한 환경과 그를 극복하기 위한 집념 등도 영향을 주었겠지만 그러한 조건을 무시하고 단순히 비교한다면 결론은 정보의 양과 사고력은 비례하지 않는다는 것이다.

지식이 많은 사람들은 특정 사안에 대하여 지식자기만의 상식을 근거로 판단하기 때문에 상식 이외의 것은 좀처럼 관심을 두지 않는 경향이 보다 강하다. 그러나 특정 상황에 대하여 상식이 풍부하지 않은 사람은 엉뚱한(?)생각을 할 수 있다는 것이다.

미국의 그랜드캐년에는 24km나 되는 전선을 설치해야 할 상황이었다. 문제는 지리적으로 전봇대를 설치하는 것이 매우 어렵기 때문에 고민에 빠졌다. 그런데 박사들도 해결 못한 24km나 되는 그랜드캐년의 전선이 쳐지지 않는 방법을 찾은 아이디어를 낸 사람은 다름 아닌 정보력이 거의 없는 초등학생 이었다. 그는 전선에 풍선을 매달아 쳐지지 않도록 하는 아이디어를 낸 것이다. 박사들은 풍선이 터지기 때문에 처음부터 풍선을 고려의 대상에 넣지도 않았지만 어린이는 엉뚱하게도 풍선이 터진다는 생각을 하지 못한 결과 풍선으로 끌어 올리자는 아이디어를 착안 할 수 있었던 것이다.

앞서 제시한바 있는 다리의 폭에 대한 사고력의 제한도 건설업체에 근무하는 직원들은 일반인들보다 짧은 거리로 왕복할 수 있는 다리를 생각하지 못한 이유도 마찬가지다. 그들이 가지고 있는 다리 공사에 대한 수많은 정보들이 오히려 단순하지만 혁신적 사고를 강력히 막고 있는 것이다.

활용하지 못하면서 단순히 정보를 가지고만 있다는 것은 별로 가치가 없다. 콜럼버스의 계란 세우기 발상을 생각해 보자. 많은 사람들이 계란을 세우려고 수없이 시도해 보았다. 당시 아무도 세우지 못했다. 콜럼버스만이 세웠다.

그는 계란을 깨뜨린 것이다. 넌센스 문제 같지만 당시 아무도 계란을 깨뜨린다는 생각을 못했다. 주목할 것은 계란을 깨뜨린다는 사고가 결코 고차원적인 발상이 아니라는 것이다. 다시 말해서 고등교육을 받거나 특별한 전문지식이 요구되는 발상은 아니라는 것이다. 이렇게 단순한 발상을 하지 못한다는 것은 우리가 평소에 생각하는 사고思考가 자유롭지 못하고 무엇엔가 제약을 받고 있다는 증거이다. 콜럼버스의 사례에서는 계란의 형태를 유지해야 한다는 사고思考의 제약을 받고 있었던 것으로 볼 수 있다.

이처럼 고정관념을 깨뜨린 발상이 단순한 발상임에는 틀림없지만 때로는 어떤 깊이 있는 과학적 지식 이상으로 유용하며 문제 해결에 크게 도움이 되는 경우가 많다.

고정관념의 원인

　결과에는 반드시 원인이 있다. 원인 없는 결과는 없다. 고정관념은 인간이 생활을 하면서 얻어진 하나의 결과물인 것이다. 고정관념을 치료하기 위해서는 고정관념이 생기는 원인을 알아야 한다.

　인간은 원래 고정관념 없이 태어난다. 어떤 사물에 대한 상식이 없는 상태에서 고정관념을 갖는다는 것은 불가능한 일이다. 즉, 경험이 없는 어린아이들은 고정관념이 없다. 어린아이들은 사물을 있는 그대로 순수하게 본다. 아이들은 단정을 하지 않는다. 어린아이들은 사소한 것 가지고도 왜 그런지 무엇 때문인지 끊임없이 질문하고 궁금해 한다.

　그러나 어른들은 사물이나 현상을 보면 반사적으로 단정하는 습관이 있다. 자신이 과거에 경험한 바에 따라 편견 즉, 고정관념을 가지고 단정한다. 그렇다면 고정관념은 무엇 때문에 생기는 것일까?

반복 경험

고정관념이 생기는 가장 큰 요인은 반복되는 사회적 경험 때문이다. 우리가 어떤 특정 상황에 대하여 반복적으로 보고 듣고 만져보고 냄새를 맡고 느껴서 반복적으로 경험을 할 경우 우리의 두뇌는 '그것은 그렇다'는 하나의 대표적인 인식이 생긴다.

그리고 같은 현상(상황, 느낌, 원인, 결과….)을 반복 경험해도 역시 두뇌에 '그것은 항상 그렇다'라는 인식이 붙게 된다. 그 인식은 그 사안에 대한 자기 나름의 논리나 상식을 갖게 만든다. 그리고 그 인식이 확고하게 쌓여 그 현상에 대하여 반사적인 반응을 보이며 좀처럼 인식된 개념 이외의 것을 생각하지 못하게 하는 것이다.

예를 들면 앞에서 접했던 사냥꾼이 꿩을 사살했다고 하니 총으로 쏘았을 것이라고 단정하는 경우이다. 총이 아닌 경우도 있는데 말이다. 반복적 학습 효과에 의해 두뇌활동이 경직되는 것이다. 총으로 쏘았을 경우도 마찬가지다. 소리가 나지 않는 총도 있는데도 총소리에 놀라서 날아갔을 것이라고 단정하는 것이다. 모두가 반복된 경험에서 나온 결과다.

이러한 예는 국가의 중차대한 국가적 사안에서도 발견할 수 있다. 2010년 11월 23일 오후 2시 34분경 연평도가 북한에 의해 무차별 포격을 당했다. 섬 전체가 불바다가 되었고 민간인을 포함 4명이 사망했고 최소 수십 명이 중상을 입었다.

군은 당시 새로 배치된 북한 장사정포들을 정찰 감시 수단으로 포착했다고 한다. 하지만 북한은 예전에도 같은 곳에서 비슷한 행동을 자주 한 적이 있어 북한이 공격하리라고는 생각하지 않았다고 한다. 게다가 당일 아침 8시에 전통문을 통해 한국이 호국훈련을 핑계 삼아 그들이 설정한 영토를 0.001밀리라도 침범하면 연평도를 포격하겠다고 통보해 왔다고 한다. 전통문을 보내왔는데도 군 당국에서는 이를 무시하기로 했다고 발표했다.

이유는 이전에도 남한 육지를 직접 공격한 적이 없었기 때문이라는 것이다. 군 당국에선 아무런 대비도 하지 않았고 그 결과 엄청난 재앙을 맞았다. 그리고 많은 사람들이 죽고 부상당하고 공포에 떨어야 했다. 과거의 반복 경험이 고정관념을 만들어 스스로 허를 찔린 것이다.

::고래다!

필자의 아이가 5살 때의 일이다. 안면도 해안에 산책을 하고 있었다. 그런데 작은 아이가 "아빠 고래다!" 하고 외치는 것이었다. 아이가 가리키는 곳을 보니 고래처럼 보이는 물체가 100여 미터 전방의 모래위에 누워있었다. 필자는 그것이 고래처럼 생긴 바위라는 사실을 직감으로 알 수가 있었다.

필자는 아이에게 "정말 꼭 고래같이 생겼다. 너 눈도 참 좋구나." 하고 가벼이 넘겼다. 그랬더니 아이는 "아빠, 고래 맞잖아. 봐, 똑같아." 라고 말하며 야단을 떨었다.

필자는 아이가 어리고 너무 몰라서 고래처럼 생긴 바위를 보고 착각하는 것이 당연하다고 생각했다. 그리고 가던 길을 계속 가려했다. 그러자 아이는 고래를 보러 가자며 그 물체 쪽으로 자꾸 필자를 이끌었다. 우리 가족은 하는 수없이 아이가 하자는 대로 그 물체가 있는 곳으로 갔다. 그런데 가까이 가면 갈수록 그 정말 고래와 똑같았다. 아이는 "고래다! 고래." 하면서 펄쩍펄쩍 뛰었다.

우리 일행은 그 물체가 있는 곳에서 불과 10미터 부근까지 다가갔다. 정말 영락없이 고래 같았다. 분명 바위는 아니었다. 그래서 필자는 누군가가 고래모형의 고무보트를 버리고 간 것으로 생각했다. 아이는 더욱 흥분하며 발걸음을 재촉했다.

바로 앞에 다가가서 보니 생기까지 도는 게 영락없는 고래였다.

필자는 혹시나 하고 굴을 따려고 소지한 과도로 물체를 슬쩍 찔러 보았다. 그러자 물체에서 피가 주르륵 흘러나오는 것이었다. 정말 고래였던 것이다. 필자는 그제야 "정말 고래 맞다. 영찬아 너 대단하다. 어떻게 그 먼데서 그걸 알았어?" 하며 치켜세웠다.

그러자 아이는 "아빠는 그것도 몰라? 난 고래를 책에서 봤어. 아빠는 책도 안 봤어?" 하며 으스대며 말했다.

필자는 상식적으로 보아 설마 서해안 모래위에 고래가 있을 없다고 생각한 것이다. 모래위에 있는 바위나 튜브는 흔히 볼 수 있었기 때문에 사물을 있는 그대로 보지 않고 과거의 경험대로 그런 종류의 하나로 단정했던 것이다. 필자의 경험과 상식이 도리어 물체의 실체를 정확히 인식하지 못하게 한 결과를 만들었던 것이다.

::벼룩

어떤 벼룩 연구가가 병속에 벼룩을 잡아넣고 한 마리씩 꺼내어 실험을 하고 있었다. 그는 벼룩이 워낙 밖으로 잘 튀어나가기 때문에 한 마리를 꺼내고 나서 즉시 두꺼운 종이로 닫으면서 벼룩의 탈출을 막아가며 실험을 했다.

벼룩들은 밖으로 뛰어 나가기 위해 병뚜껑을 향해 뛰었으나 병마개 때문에 한 마리도 밖으로 뛰어 나갈 수 없었다. 연구가는 실험하던 중 잠시 화장실을 다녀왔다. 그런데 병뚜껑을 닫지 않고 화장실을 다녀온 것이다. 그는 아차 싶었다. 병에 들어있는 벼룩을 모두 잃어버리게 될 상황이었다. 그런데 놀랍게도 병속의 벼룩이 한 마리도 밖으로 튀어나가지 않은 것이었다.

이게 어떻게 된 일일까? 벼룩이 뛰지 않고 잠을 자고 있었을까? 아니다. 예전과 같이 계속 뛰고 있었다. 필사적으로 뛰고 있었다. 그런데 뛰는 높이가 병 주둥이 부근을 약간 밑도는 부위 내에서 계속 뛰는 것이었다.

그는 참으로 신기하다는 생각이 들었다. '벼룩이 왜 일정한 높이만을 뛰었을까?' 하고 한동안을 생각에 잠긴 그는 이윽고 중요한 힌트를 얻었다.

병마개로 닫아둔 뒤 며칠간을 계속 뛰어올라 병마개쇠에 부딪힌 벼룩들이 뛸 때마다 몸에 심한 통증을 느꼈던 것이다. 벼룩들은 어느 정도의 힘으로높이 뛰면 아프지 않은지의 한계를 알고 그 범위 내에서만 뛰었던 것이다. 병마개를 씌우지 않았지만 전에 아팠던 반복적인 경험이 낳은 결과였다.

::갱년기증상?
미국 LA에서 목회를 하고 있는 P목사의 부인은 나이가 50대에 들어서면서 한 가지 걱정이 생겼다. 자신도 곧 갱년기가 올 것이라는 불안감이었다. 이미 갱년기를 거친 친구들로부터 갱년기에 대한 신체적 변화에 대하여 듣고 두려움마저 느껴졌다. 무엇보다 생리가 끝나고 성욕도 감퇴한다는 말이 가장 신경 쓰였다. 목회를 성공적으로 하는 남편의 주변에는 항상 젊고 예쁜 여성들이 넘쳐났기 때문이다.

그녀가 나이 50이 되던 해였다. 생리가 있어야할 날에 생리가 없어 뭔가 이상한 생각이 들었다. 친구들한테 물어보니 갱년기 증상이라는 것이었다. 어쩐지 매사에 의욕이 없고 얼굴이 불그레하고 입맛도 없고 남편의 요구도 받아주고 싶은 마음도 없어졌다.

그녀는 자신이 여자로서의 매력이 다 끝났다고 생각을 하니 삶의 허무함을 느꼈다. 혹시 '남편이 딴 생각을 하진 않을까?'하는 신경도 쓰였다. 그녀는 남편이 싫어지기 까지 했다. 또 간혹 남편의 행동거지를 살펴보는 일도 생겼다.

그렇게 시간이 좀 지나자 식욕마저 왕성해지더니 몸이 불기 시작하는 것이었다. 배·허리·가슴 등에 살이 점점찌기 시작하면서 움직이기도 귀찮아졌다. 그녀는 말로만 듣던 갱년기가 이렇게 신체적으로 큰 영향을 주는 것인지 상상도 못했다.

그 후 특별한 이유도 없이 남편에게 짜증을 내는 일이 잦아졌고 그 때문에 부부싸움도 많아졌다. 그런 증상은 6개월간이나 지속됐다. 그녀는 갱년기 치고는 너무 지나치다는 친구의 권유로 무슨 큰 병은 아닌가 하고 병원에 가서 검진을 받아보기로 했다. 남편과 함께 병원에 가서 여러 가지 검사를 받던 중 의사가 하는 말을 듣고 그녀는 기겁을 하고 놀랐다.

의사가 "축하합니다. 임신입니다." 라고 말하는 것이었다. 그녀는 자신의 몸에 나타난 증상에 대한 고정관념 때문에 갱년기 증상으로 오해했던 것이다.

::어떤 상담

어떤 중년 부인이 성폭력 상담소에 찾아왔다. 부인은 자신의 아이가 뜻하지 않게 성폭행을 당해 너무나도 큰 고통을 받고 있다며 상담을 받으러 온 것이다. 아이의 육체적·정신적 상처를 치유하고 성폭행 당했을 때의 대처 방법을 알고 싶다는 것이었다. 상담이 시작되었다. 다음은 둘간의 대화 내용이다.

아이는 몇 살입니까?

열세 살입니다.

미성년자군요.

예.

출혈은 없었나요?

네?, 음,... 출혈 같은 건 아예 없었답니다.

처녀가 아니었군요?

그렇습니다.

병원에 가서 검사를 한번 받아 보시지요.

네, 알겠습니다.

의사의 말을 듣고 부인은 아이를 데리고 병원으로 갔다. 의사는 몇 가지 질문과 함께 아이의 바지를 벗기고 육안검사를 한 후 이상이 없다며 가보라는 것이었다. 부인은 다시 상담소로 찾아와 상담 결과를 말해 주었다. 그리고 이제 어떻게 해야 하느냐고 물었다. 상담소에서는 법적 대응을 해야 하므로 성폭행의 원인을 알아보기 위해 '혹시 과다노출을 하지 않았었느냐'고 물었다. 그러자 부인은 '결코 그런 일은 없었다'고 말했다. 그러자 상담사는 '혹시 아이가 조숙하지는 않으냐'고 물었다. 그런 것도 아니라고 답했다. 그러자 상담사는 그러면 '도대체 아이가 성폭행 당할만한 이유가 뭐냐'고 물었다. 그러자 어머니는 '아이는 여성들에게 인기가 좋다는 것뿐'이라고 말했다.

상담사는 놀라면서 "여성한테 인기가 좋다고요?"하고 물었다.

그러자 어머니는 "예, 우리아이는 아주 핸섬하게 잘생긴 사내아이거든요."라고 대답했다.

???

피해자는 아주 잘생긴 사내아이였고 가해자가 여자였다.

▧정리

우리의 사고력은 부지불식간에 지극히 제한을 받고 있다. 살고 있는 환경에 지배를 받는 것이다. 법규가 가로막고 관습에 막히고 반복되는 경험 때문에 고정관념으로 꽉 들어차 있다. 주어진 환경으로 인해 아이디어를 제한하다 보면 비현실적인 아이디어만 제외되는 것이 아니고 실질적으로는 매우 유용한 아이디어들 까지도 함께 묻혀서 버려진다.

아이디어를 낼 때 자신의 경험에 대한 지나친 믿음이나 고정관념에 사로잡히면 아이디어는 제한된다. 현실감에 대한 기준은 다분히 주관적이며 상황이나 가치관은 언제든 바뀔 수 있다.

아이디어는 그 자체로서 족하다. 일단 문제해결의 효과를 전제로 아이디어를 내야하며 도덕성 같은 것은 2차적인 문제다. 때로는 무지막지한 아이디어지만 가다듬으면 오히려 독창적인 아이디어가 될 수 있다.

가령 『음주운전을 한 번도 안한 사람을 대통령 시킨다』라는 전혀 현실성 없는 아이디어가 나왔다고 가정해 보자. 정말 이런 아이디어는 전혀 쓸모가 없을까? 아이디어를 활용할 수 있도록 다듬어 보자.

대통령 선거와 음주운전의 관계를 현실적으로 연계시켜 보는 것이다. 각종 선거 시에 후보에게 위반 건수를 약력에 기재 한다거나 위반 건당 유효 득표의 1% 씩 감한다고 하면 어떨까? 후보자들에게는 효과 만점일 것이라는 사실을 부인할 수 없을 것이다. 혹, 민주주의의 기본권을 침해하기 때문에 법에 위배된다고?

그건 고정관념이다. 오히려 그렇게 하는 것이 보다 형평성 있는 민주적인 발상일 수도 있다. 헌법도 민주주의에 대한 개념도 그 사회의 형편에 따라 사람이 만든 것이지 절대적인 가치 기준은 없는 것이다.

최근 우리가 목도한 변화를 예로 들어보자. 불과 십 수 년 전까지만해도 학부모나 학생이 교수나 교사를 평가하는 것은 상상도 못했다. 학생은 평가의 대상일 뿐이었고 교사가 학생을 평가한다고 생각했었다. 그러나 지금은 어떤가? 학생이 교수를 평가한다. 뒤바뀐 것이다. 그리고 그런 것을 수요자와 공급자의 개념에서 자연스럽게 받아들이며 또 합리적이라 생각하기에 이르렀다.

더욱 큰 파괴적 상황의 변화를 예로 들어보자. 우리사회에 아직도 성폭력의 가해자라면 남성들의 전유물로 생각하는 사람들이 많을 것이다. 하지만 어린남아를 성폭행 하는 여성들이 적지 않다는 사실을 아는가? 또 스승이 제자와 부적절한 관계라고 하면 으레 남자 선생과 여자 제자와의 관계를 생각할 것이다. 하지만 이러한 통념도 깨져가고 있다.

최근2010년8월 서울의 HK중학교에서 37세의 기간제 여교사가 제자인 15세의 남자아이와 부적절한 관계를 가진 사실이 인터넷과 뉴스에 폭로되어 세간을 떠들썩하게 한 사실이 있었다. 여성은 성에 대해 수동적이고 피해자이고 부끄러움의 대상이라는 통념이 깨지고 있는 것이다. 앞으로는 남아 자녀들을 여교사들로부터의 성폭력에 대하여 염려하고 보호해야 하는 상황이 올수도 있다는 것이다.

또 최근 들어 우리나라의 남편들이 부인에게 폭행당하는 일이 부쩍 늘고 있다고 한다. 부인의 폭력 때문에로 구조를 요청하는 사건도 부지기수라고 한다.

당장 눈앞에 보이는 사회적 통념만이 전부가 아니다. 예외적인 경우도 항상 존재하며 상황이나 사회적 가치관은 언제든지 변한다. 엉뚱한 아이디어 같아도 때로는 보다 효과적으로 목표를 달성할 수 있거나 상황에 따라서는 유용할 수 있다는 것이다. 따라서 그런 아이디어 자체를 단순히 자의적으로 판단하고 무시하는 것은 아이디어를 막고 역시 고정관념을 만드는 하나의 요인이라는 것이다. 우리는 그런 파괴적인 발상도 제시할 준비가 되어 있어야 한다.

창의적 사고에 있어서 어디까지는 되고 어디까지는 안 된다는 한계는 있을 수 없다. 시간과 장소와 환경에 따라 평가가 달라지는 것이기 때문에 일단 문제해결을 위한 아이디어를 내고 볼일이다.

상식이라는 관습의 틀 때문에 필요한 아이디어를 내는 데 장애를 받아서는 곤란하다.

▨쉬어가기

체급체중을 무시한 인류역사상 최초의 죽기 살기 게임이 붙었다. 사용할 수 있는 무기도 무제한이다. 게임방식은 토너먼트방식이다. 상대가 죽을 때까지 끝장을 보는 게임이다.

결국 지구상에는 단 한 종만 살아남는 생존게임이다. 자신들이 개발한 무기는 모두 사용할 수 있는 게임이다.

지구상에 존재하는 모든 생명체가 다 참가했다. 소, 말, 사람, 호랑이, 쥐, 지렁이, 개미, 살아있는 생명체는 모두 참가했다. 그중 덩치가 가장 큰 공룡이 돋보였고 장거리 미사일을 장착한 로켓포를 가지고 나온 인간 역시 돋보였다. 굳이 체급을 말하자면 공룡과 같이 10톤이 넘는 놈부터 0.01그램도 안 되는 놈도 있었다. 최후의 승자는 누구였을까?

그것은 아마도 덩치가 가장 작은 세균이 될 것이다. 공룡도 세균에 의해 멸종됐고 소나 돼지, 조류 등도 세균에 의해 죽어가고 있다. 인류도 수천만 년 동안 세균과의 전쟁을 벌이고 있지만 승산은 전혀 보이지 않는다. 지금도 수많은 사람들이 세균에 의해 목숨을 잃고 있다.

제2부

고정관념을 치료하라

윤태호의 사고력 길라잡이 **상식 밖에 길이 있다**

우리는 일상의 경험과 지식이 풍부한 사람을 두고 상식이 있다고 말한다. 그리고 상식은 주어진 상황에 대한 보편적인 판단을 하는 데 매우 유용하다. 상식이 풍부한 사람들은 굳이 상황을 확인해 보지 않고도 자신의 경험과 상식에 입각하여 주어진 상황에 대한 특징이나 결과를 예측한다.

또 그러한 판단은 옳은 경우가 많다. 상식은 인간의 삶에서 보편적 가치의 판단에 필요한 것이다. 경험을 통해 갖고 있는 상식으로 상황판단과 자신의 이해관계를 결정할 수 있다.

우리는 어떤 중대한 문제에 당면하면 그 분야의 경험과 상식이 많은 사람들로 부터 자문을 구하기도 한다. 상식이 풍부한 사람들은 자신의 판단에 자신감을 갖는다. 그렇게 도출된 것은 대체로 안정적이고 합리적인 결과를 얻을 수 있기 때문이다.

그러나 상식이 항상 좋은 결과를 도출해 내는 것은 아니다. 상식은 보편적인 결론을 도출할 수는 있지만 예외적인 상황에서는 오히려 위험한 결과를 만들 수 있다. 상식은 상식일 뿐이다. 상식을 상황 판단에 참고로 하는 것은 바람직한 일이지만 그렇다고 실제의 상황을 확인해 보지도 않고 상식에 대한 편견을 가지고 단정하는 것은 곤란하다.

상황이나 현상 및 원인 등에는 상식과는 다른 경우도 허다하기 때문이다. 상식은 보편적인 경향일 뿐 절대성을 지닌 진리는 아니다. 경우에 따라 다양한 변수가 존재한다는 것을 잊어서는 곤란하다.

상식을 진리로 오해하여 생긴 고정관념은 사고력의 한계를 만든다. '상식이 굳어서 편견을 갖게 되는 것'을 고정관념이라 한다. 고정관념은 사고의 유연성을 떨어뜨리고 독창적인 발상을 하는데 큰 장애가 된다. 상식으로 인한 고정관념은 경험이나 지식이 많은 사람들의 가장 큰 약점이다.

고정관념에 사로잡혀 있으면 마치 바이러스에 걸린 컴퓨터처럼 제 기능을 하지 못하고 폐물처럼 전락하고 만다. 이제부터 자신이 과연 이러한 상식의 바이러스에 걸린 것은 아닌지, 그리고 어떤 바이러스에 걸려 있는지를 확인해 보고 치료하도록 도와줄 것이다.

인식의 벽을 깨라

인간은 태어나면서 부터 오감을 통해 보고 듣고 느끼고 배우기를 계속한다. 이렇게 반복적으로 경험을 하는 동안 각각의 사물이나 상황 또는 문제를 대표하는 하나의 인식을 갖는다. 그런데 자신의 두뇌에 대표적으로 각인된 것이 굳어져서 예외적인 경우를 받아들이지 못하는 경우가 있다. 이것을 인식의 벽이라고 한다.

예를 들면 '총은 꽝하는 소리가 난다' '까마귀는 까맣다' '풍선은 잘 터진다' 등과 같이 어느 대상에 대하여 자신이 이제껏 경험한 것이 전부인 것으로 착각하게 만든다. 소음기를 단 총도 있고, 흰색 까마귀도 있고, 터지지 않는 풍선도 있는데 말이다.

인식의 벽은 창의적인 사고를 하는데 매우 큰 장애요소가 된다. 인식의 벽이 있으면 사고력이 크게 떨어져 마치 고성능 컴퓨터가 바이러스에 걸린 것처럼 문제를 바로 보지 못하게 할 뿐만 아니라 쉽게 풀 수 있는 해결책을 제시하지 못하게 하는 요인이 된다. 따라서 사고력에 큰 장애가 된다.

1998년 세간을 떠들썩하게 했던 박 나리양 유괴 사건을 기억하는 사람이 있을 것이다. 당시 유괴범을 잡을 때 범인의 소재를 알고 출동한 경찰은 상식에 대한 지나친 편견 때문에 범인을 놓치는 우를 범했다. 당시 현장에 있던 7명 중에 임신 8개월 된 부녀자가 있었지만 경찰은 임산부를 범행자의 대상에서 일단 제외시켰다. 임산부라는 이유로 최소한의 심문조차 하지 않고 집으로 돌려보낸 것이다. 현장에서 범인을 잡지 못하게 되자 아이를 가진 부모들을 불안에 떨어야했다.

그런데 일주일 후에 잡은 범인은 현장에 있던 7명 중 경찰이 절대로 범인이 아닐 것이라고 생각했던 전 모씨 라는 임산부였다. 임신 8개월의 임산부가 아이를 유괴 살해할 것이라고는 상상하지 못한 것이 현장에서 범인을 놓친 이유였다.

인간의 두뇌는 한 번 강하게 인식되어지고 나면 인식된 것 이외의 경우는 좀처럼 생각하지 못하게 될 가능성이 높다. 이 때 상식이외의 경우를 생각해 낸다는 것은 마치 맨주먹으로 두꺼운 철벽을 깨는 것처럼 쉽지 않다. 인식의 벽은 사고력에 있어서 암적인 존재다. 인식의 벽이 반복경험을 통해 얻은 만큼 예외적인 상황을 반복 경험하게 하면 고정관념에서 빠져나올 수가 있다.

::어떤 사이?

필자의 두 아이가 대화를 나누고 있었다. 큰 아이가 작은 아이에게 "애, 영찬아! 넌 엄마하고 아빠하고 무슨 사이인지 아니?" 하고 물었다. 그러자 작은 아이가 우물쭈물하더니 "응, 엄마와 아빠사이"라고 말했다. 그러자 큰아이는 "애, 그것도 되지만......"

필자는 과연 아이에게서 부부사이라는 말이 나올지 지켜보았다. 그런데 큰 아이는 필자의 기대와는 전혀 다른 말을 했다. 큰 아이는 "엄마하고 아빠하고는 다정한 사이야." 라고 말하는 것이었다.

필자는 그때 부부사이라고 고쳐주려 하다가 그것 말고 또 뭐가 있을까 하고 큰아이에게 물었다. 그러자 아이는 "함께 잠자는 사이도 되고, 함께 대화하는 사이도 된다."고 말하는 것이었다. 그러자 작은 아이는 "아니야, 싸우는 사이도 돼." 라고 말하는 것이었다. 부부 사이라는 하나의 고정된 개념만을 갖고 있었던 필자는 아이들이 대화하는 것을 보면서 필자가 얼마나 큰 고정관념을 가지고 있었는가를 깨달았다.

아이들이 말한 것은 대표 값이 아닐지 모르지만 결코 잘못 표현된 것도 아니고 아이들이 상황을 다양하게 볼 수 있는 사고의 유연성을 가지고 있었던 것이다.

::IMF

97년 우리나라는 경제 위기를 맞아 많은 국민들이 고통을 겪었다. 외환 보유고가 39억 달러 밖에 안 되는 심각한 상황이었지만 외환 위기 때 당국자가 위기상황을 전혀 인식하지 못했다고 한다. 그 이유는 반도체 특수현상에 대한 착시현상 때문이었다고 한다.

당시 강경식 부총리는 "반도체 특수에 눈이 멀어 문제를 방치했다."고 말했다. 그에 대한 착시현상으로 엉망이었던 경제 전체의 문제점들을 제대로 인식하지 못했다는 것이다. 우리는 그가 한 말 중에서 "반도체 특수에 착시현상이 있었다."는 말을 주목해야 한다.

"착시현상"

대체 착시현상이란 무엇이기에 세계에서 11번째로 큰 배가 파산되어 물속으로 가라앉고 있는데 그것을 인식하지 못하게 만들었을가? 그것은 바로 '인식의 벽' 때문이었다.

반도체 특수라는 색안경이 끼어 있었기 때문에 상황을 제대로 인식하지 못한 것이다. 사실 당시 외환 당국자뿐만 아니라 대다수 국민들도 반도체 활황장세에 대한 인식의 벽 속에 갇혀 있었던 것이다.

::파란사과

필자에게는 시골에 작은 사과농장이 있다. 주말이나 시간이 생길 때 농장을 돌보는데 여름에 뙤약볕에서 농사를 짓는 일은 보통 힘든 일이 아니다.

그런데 첫 해 사과를 수확할 때의 일이다. 나름 빨갛게 익은 사과만 따왔는데 집에 와서 보니 제대로 익지 않은 파란 사과를 많이 따온 것이다. 밭에서는 빨간 사과였는데 집에 오니 도로 파래졌다. 뭔가 이상했다. '착시현상이라도 일으켰나?'

그 이유는 그 후에 아이들과 사과를 수확하면서 알게 되었다. 아이들이 아빠 왜 파란사과를 따느냐며 잘 따라고 말하는 것이었다. 필자는 뭐가 파란사과냐고 반문했다. 그러자 큰아이가 선글라스를 벗고 한번 보라는 것이었다. 선글라스를 벗고 보니 제대로 익지 않은 사과를 모두 따고 있었던 것이다. 선글라스의 색에 의한 착시현상 때문에 파란사과가 붉은색으로 보였던 것이다. 고정관념은 색안경을 낀 것처럼 사고력에 착시현상을 일으킨다.

::냉동실 도둑

어떤 도씨가 보석을 훔친 후 경찰에 쫓기다가 더 이상 피할 곳 없는 막다른 상황에 처하자 마침 정차중인 냉동열차로 숨어들었다. 그가 들어간 곳은 냉동실 이었다. 운 좋게도 냉동실에 뛰어들자마자 기관원은 문을 닫아 버렸고 덕분에 경찰에게 붙잡힐 위기를 면했다. 경찰로부터 안전하다고 생각한 그는 정신을 차리고 나자 아차 싶었다. 냉동실 문이 밖에서 굳게 잠긴 것이었다. 자신이 냉동차에 갇힌 것을 알게 된 그는 추위를 느끼기 시작했다. 밖에서 꽉 걸어 잠근 냉동차는 그가 아무리 소리를 질러도 열차 소리에 묻혀 밖에서는 알아듣지 못했다. 그는 빠져나오려고 냉동열차의 벽을 두들겨 가면서 온갖 방법을 동원해 보았지만 나올 방법은 없었다. 시간이 지날수록 냉동실 안에서 그의 몸은 점점 오그라들기 시작했다.

결국 그는 모든 것을 체념하고 열차가 종착역에 빨리 도착하기만을 기도했다. 그런데 열차는 멈추지 않고 끝없이 달려가기만 했다. 그는 자신이 몇 시간을 갇혀 있었는지 시간도 알 수가 없었다. 어찌나 추운지 '차라리 경찰에게 잡힐 것을...' 하며 후회하기 시작했다. 그는 너무 추워서 의식을 잃고 말았다. 열 시간 여를 달린 냉동차는 드디어 종착역에 도착했다. 기관원이 빈 냉동실에 물건을 싣기 위해 문을 열었을 때 그는 이미 싸늘한 시체가 되어 있었다.

그렇다면 그는 정말 얼어 죽은 것일까? 얼어 죽은 것이 아니었다. 당시 냉동실은 상품이 없어 냉동실을 가동하지 않은 상태였다고 한다. 자신의 몸이 냉동되고 있다고 생각한 나머지 마음이 얼어붙어 죽은 것이었다. 냉동차는 춥다는 인식의 벽이 그를 죽음에 이르게 한 것이다.

::유방암

어느 작은 도시에 40대의 성도착증 환자가 있었다. 그는 수단과 방법을 가리지 않고 성범죄를 저지르는 인간이었다. 심지어 병원에 입원한 중에도 여성 환자들을 성추행을 한 경험이 수차례 있었다. 병원에서 그의 성범죄 수법은 여성 환자가 잠이 든 어두운 밤을 틈타 호흡수면제로 여성의 의식을 잃게 한 뒤 성추행을 하는 것이었다.

한번은 그가 팔이 아파서 병원에 갔다가 목디스크라는 진단을 받고 입원 했다. 그는 여성 환자를 범하려고 기회를 엿보고 있었다. 그런데 그 병원에는 입원 환자가 자기 외엔 아무도 없어 성범죄를 저지를 수 없었다. 그는 여성 환자가 입원하기만을 고대하고 있었다.

그런데 어느날 간호사로부터 유방암 환자가 치료를 받기 위해 입원한다는 말을 들었다. 그는 범행을 저지르기 위해 미리 병실을 알아두었다. 밤에 성추행을 하기 위함이었다. 그는 유방암 환자가 입원한 바로 그날 새

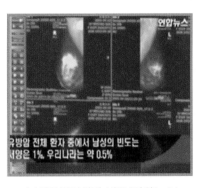

남성유방암환자 비율(연합뉴스)

벽 마취제를 준비하여 불 꺼진 유방암 환자의 침실에 침입했다. 그는 잠든 여성의 코에 노련하게 수면제를 들이댔다. 그리고 범행에 들어

갔다. 그런데 유방암 환자의 몸을 더듬던 그는 기절을 하고 말았다.

그 유방암 환자는 남성의 그것을 갖고 있었다. 그는 범행을 멈추고 자기 병실로 돌아와 밤잠을 이루지 못했다. 다음날 간호사를 찾아가 자신의 범행은 숨기면서 "혹시 그 환자가 유방암 환자가 아닌 것 아니냐?"고 물었다. 그러자 간호사는 유방암 환자가 맞다고 거듭 말했다. 그는 다시 낮에 유방암 환자의 병실을 문틈으로 확인해 보았다. 분명 남자였다. 알고 보니 그 환자는 남성 유방암 환자였던 것이다.

::치마길이

영화를 아주 좋아하는 20대 젊은 직장인 여성이 중국 상하이 지사 발령을 받고 중국 체류를 하게 되었다. 그녀는 일주일에 한두 번씩 영화를 보지 않으면 금단현상이 올 정도로 영화광이었다. 그녀는 중국 체류 당일에 영화 관람을 위해 중국에서 가장 유명하다는 영화관을 찾았다.

그런데 극장입구에서 진풍경이 벌어졌다. 사복경찰(?)로 보이는 사람이 여성들의 치마 길이를 재고 있었다. 그리고는 치마길이가 짧아 보이는 여성들을 어딘가로 데리고 가는 것이었다. 아마도 풍기문란 죄로 벌을 가하려는 것 같았다. 늘 짧은 치마만을 입고 다니던 그녀는 기겁을 하고 되돌아왔다.

그 후 그녀는 겁을 먹고 극장에 갈 때면 항상 본인이 싫어하는 바지만 입고 영화를 관람 했다. 그녀는 그렇게 석 달 가까이 극장에 갈 때면 바지만 착용 했다.

그런데 그녀는 뭔가 좀 이상하다는 사실을 알았다. 보통 길거리에서는 아주 짧은 치마를 보기가 쉽지 않은데 유독 영화를 보러 오는 여성들 중에는 유달리 짧은 치마를 입고 오는 여성들이 많았다. 이해할 수 없었던 그녀는 짧은 치마를 입고 온 한 여성에게 왜 그렇게 짧은 치마를 입고 오느냐고 물었다. 그러자 그 여성은 "극장에서는 치마길이가 짧을수록 짧은 만큼에 비례하여 상품을 준다"는 것이었다.

그것을 뒤늦게 안 그녀는 진작 알아보지 못한 것을 후회하며 그후 거의 반라에 가까운 치마를 입고 매일 저녁 영화를 관람했다. 유난히 짧은 치마를 입고 매일 관람한 그녀는 남은 체류기간 동안에 받은 상품이 거의 한 달치 월급에 가까운 금액이었다.

: :동문서답

나이 40이 다 되도록 장가를 못간 아들이 있었다. 부모는 아들만 보면 장가를 가라며 달달 볶았다. 그런데 어느 날 아들집에 찾아온 아버지는 큰 희망을 갖게 되었다. 아들이 동거를 한다는 사실을 알게 된 것이었다.

다음은 두 부자간의 대화 내용이다.

너 동거한다면서?

예, 아버지 그걸 어떻게 알았어요?

그걸 왜 몰라. 몇 살인데?

저하고 동갑입니다.

그래? 나이가 좀 많구나, 아직 미혼이야?

예, 저하고 같아요.

그래 고향이 어디라든?

충청도래요.

부모는 뭐하신다니?

대전에서 조그만 사업한대요.

학교는?

저하고 동창이에요. 같은 학과를 나왔고요.

그래 그럼 애비도 한번 보자구나.

예.

내일은 어떠냐?

내일은 안돼요.

왜?

선보러 간대요.

선이라니?

부모님 성화가 이만저만이 아니래요.

그럼 넌 뭐고?

저도 노력하고 있어요.

너하고는 어떤 사이냐고?

친구사이에요.

친구인지 애인인지 분명하게 해야지…….

애인이라니요. 아버지.

애인도 아닌데 동거를 해?

기거할만한 곳이 없대요.

아무리 그래도 그렇지…….

딱한데 사정 좀 봐주면 안 되나요?

뭐가 그리 딱한데?

암튼 그 친구가 장가 갈 때까지만 사정 좀 봐 달래요.

장가? 아니 그럼 여자가 아니었어?

친구라니까요. 군대도 같이 갔다 온 영석이라는 친구요.

???………

::봉투 없는 우편물

어떤 카드회사에서 있었던 일이다. 사원들에게 매월 한건 이상의 제안을 하도록 되어 있었는데 신입 사원인 한 여사원은 제안이 없어 고민이 이만저만이 아니었다. 특히 우편물을 발송하는 일이 많았던 그녀는 많은 봉투에 우편물을 넣는 일이 너무 힘들었다. 그녀는 속으로 중얼거렸다. '이놈의 봉투 좀 없었으면 좋겠다. 봉투에 넣지 않고 우편물을 보낼 수만 있다면 얼마나 좋을까?'

그녀는 어느 순간 봉투 없이 우편물을 보내 보자는 엉뚱한 생각을 하게 되었다. 그녀는 상사에게 봉투 없이 우편물을 붙이자고 제안을 했다. 그러나 상사는 "봉투 없이 어떻게 우편물을 붙이느냐! 상식적으로 판단을 해서 말을 하라."며 오히려 핀잔을 주는 것이었다.

그녀는 고심 끝에 내용물 자체에 발송지를 찍는 우편물을 고안했다. 그리고 아이디어를 많은 사람들에게 피력했고 우여곡절 끝에 그 아이디어를 실시했다. 그 아이디어를 실시한 결과 한해 수억 원의 원가 절감을 할 수 있었다. 매월 2백여 만장을 발송하는데 소비되는 봉투 값과 인건비를 절감한 것이다.

지금은 대부분의 공공기관에서 우편물이 봉투 없이 발송되고 있으며 그 절감 효과는 상상을 초월한다. 그녀는 그 일로 인해 한 단계 특진을 했고 많은 동료들로부터 부러움을 샀다. 우편물을 반드시 편지 봉투에 넣어야만 보낼 수 있다는 통상적인 관념을 깬 결과였다.

이러한 아이디어를 생각하는 데는 산술이 요구되는 것도 아니고 과학적 논리가 필요한 것도 아니다. 고차원적인 지식이 필요 없는 아주 단순한 착상일 뿐이다. 중요한 것은 아무리 단순한 착상도 대부분의 사람들은 생각하지 못한다는 것이다.

✖진단

각각 100페이지로 된 3권의 동화책이 제목제본부위이 보이게 책꽂이에 정상적인 방법으로 나란히 놓여 있다. 책은 겉표지를 제외하고 첫 장이 1페이지가 되며 페이지의 순서는 일반 책과 같은 순

서로 되어 있다. 두께는 각 속지 한 장에 0.1mm, 그리고 겉표지는 각 0.2mm이다. 이때 제1권의 1페이지에서 제3권의 마지막 페이지까지의 두께는 몇 mm일까?(4분) 일단 정답을 보지 말고 풀어보라.

✖풀이

정답은 5.8mm 이다. 이와 다른 답을 제시했다면 일단 틀렸으니 그 이유가 무엇인지 이유를 자세히 살펴보기를 바란다.

몇 mm일까? 표지를 제외한 각권은 100페이지 이니 50장, 그래서 50x0.1mm는 5mm이다. 그리고 계산을 해보라. 혹시 그렇게 했을

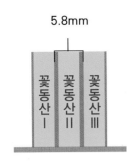

5.8mm

꽃동산 Ⅰ 꽃동산 Ⅱ 꽃동산 Ⅲ

때 15.8mm가 된다고 생각하진 않았는가? 아마도 그랬을 가능성이 매우 높다. 그나마도 페이지와 장을 구분했을 경우 그런 계산이 나온다.

그러나 그것은 현실에 대한 주관적인 단정이다. 1권의 1페이지와 3권의 마지막 페이지가 어느 부분인지 정확하게 확인해 보라.

1권의 1페이지는 1권 우측 표지의 바로 좌측이고 3권의 마지막 페이지는 3권의 왼쪽표지의 바로 우측이다. 읽을 때 넘기는 것과는 순서가 반대이다. 제본부위가 보이기 때문이다. 이해가 안 되면 책을 직접 세워놓고 직접 확인해 보라. 틀렸다면 아마도 이 부분을 고려하지 않았을 것이다. 이유는 경험상 1페이지는 맨 좌측이라고 두뇌 속에 인식되어 있었기 때문이다.

문제의 실상과는 관계없이 자신이 가지고 있는 인식만을 갖고 단정하여 접근한 결과 덧셈문제도 바르게 풀지 못할 수 있다. 바로 인식의 벽 즉, 고정관념이 그렇게 만든 것이다.

감정의 벽을 깨라

　인간을 이성의 동물이라 한다. 이성을 갖고 있기에 다른 동물들과 차별된다고 한다. 동시에 인간의 특성은 감정의 동물이기도하다. 감정이 없다면 인간으로서의 매력은 없을 것이다.

　감정은 상황에 따라 시시각각으로 다양하게 변하는 특징이 있다. 어느 상황이나 대상에 대하여 좋은 감정을 가지고 있을 때에는 전반적으로 좋게 보이고 나쁜 감정이 있을 때에는 그와 반대로 모든 것이 부정적으로 보인다. 그런데 그러한 감정이 크면 클수록 종합적인 상황 판단을 못할 수 있다. 뇌가 그 감정에 집중되기 때문이다. 그것이 개인의 이해관계와 얽힌 경우라면 정도는 더 심각해진다.

　감정은 인간의 매력중의 하나이지만 어떤 상황에 직면했을 때 감정에 얽매인 나머지 이성적인 판단을 하지 못하거나 정작 고려해

야할 중요한 요소를 간과하게 하는 요소이기도 하다.

평소의 상태에서 냉철히 판단했을 때는 지극히 자연스럽게 판단하고 행동 할 수 있음에도 불구하고 감정에 몰입되면 감정을 넘지 못해 두뇌의 사고력이 제한받기 때문이다.

누군가가 아내를 희롱했다고 가정해 보자. 대부분의 남편들은 그 감정에 몰입되어 완력을 사용하는 것까지 주저하지 않을 것이다. 그 결과 큰 사건으로 이어질 수 있다.

그러나 그것이 남의 일이었다고 가정하고 그런 상황에서 어떻게 하는 것이 보다 현명한 일인지 판단을 해 보자. 틀림없이 폭력을 행사하여 사건을 크게 만드는 것보다는 상황을 냉철하게 분석하여 합리적인 절차를 밟을 것이다. 당사자의 인생에 도움이 되는 방향으로 결론을 낸다는 것이다. 상황에 대한 감정이 크면 큰 만큼 이성적인 판단에 장애요소가 된다는 것이다.

감정은 우리의 두뇌에 일시적으로, 때로는 고질적으로 하나의 고정관념을 만든다. 이를 감정의 벽이라고 한다. 감정의 벽은 감정을 가진 인간이라면 누구나 가지고 있다. 감정의 벽이란 인간관계에서 상존하는 자연스런 일이기도 하다. 대체로 개인 간의 싸움은 감정으로 인해 일어나고 또 커진다. 감정의 상태가 되면 자신이 본질적으로 추구하는 목표나 방향보다 감정싸움에서 누가 이기느냐 하는가에 집착하게 된다. 감정으로 치닫게 되면 자신의 감정을 풀기 위해 뇌력이 집중되기 때문에 문제의 본질을 망각한다.

::연평도 대응

2010년 11월23일 오후 2시34분 북한이 연평도를 폭격했다. 군인과 민간인 4명이 사망했고 20여명의 부상자와 1400여명의 피난민이 발생했다. 연평해전 후인 25일 리얼미터 여론조사에서 국민들에게 어떻게 대응하는 것이 좋으냐고 물었다. 44.8%가 확전불사 공격해야 한다고 응답했다고 한다. 이는 보수진영이나 진보진영 모두 큰 차이가 없었다. 처음엔 남북평화와 화해를 외치던 야당에서도 확전은 안 된다는 목소리는 찾아보기 힘들었다. 물론 국민감정에 거스르는 말을 했다가 민심을 잃을까 염려하는 이유도 있었을 것이다.

그렇다면 감정을 누르고 냉정하게 생각해 보자. 보복하면 어떤 결과가 올까? 그 결과는 참담할 뿐이다. 결국 전면전으로 가서 설사 전쟁을 통한 통일을 이루게 되더라도 그 과정은 어떠하며 결과는 어떠할까? 북한의 성향으로 보아 불리하다고 무릎을 꿇을 정권은 아니고 끝까지 버티며 저항할 것이다. 마지막 카드^{핵공격}까지 쓸 가능성도 배제 못한다.

2004년 합동참모 본부가 남북 군사력평가 연구에서 분석한 통계에 의하면 전쟁발발 24시간 만에 수도권 인구 230만 명이 사망한다고 예측한 결과가 나왔다.시사인 142호 2010.6.3 설사 어렵사리 통일이 된다 해도 국가는 파산 상태가 될 것은 불을 보듯 뻔하다. 다시 국가를 재건하는 데는 30년은 더 걸릴 것이다. 전쟁불사라고 답한 국민들 중 상당수가 죽을 수 있고 대다수가 하루아침에 거지 신세로 전락할 가능성도 배제 못한다. 이래도 전쟁을 해야 하는가?

많은 국민들이 감정으로 인해 자신이 죽을 길을 갈 수도 있는 것이다. 최선책을 찾아야 한다. 그것은 피차간 피해를 보지 않고 평화롭게 문제를 해결하는 길 뿐이다. 함께 죽을 수는 없는 일 아닌가? 일시 불거진 확전 여론은 감정 때문에 나온 결과일 것이다.

::IMF 2

97년 외환위기 직전 한보그룹이 빌려 쓴 돈은 외채만도 11억 달러였다. 한보그룹 부도는 총 4조 이상을 들여 건설한 것이 고스란히 고철이 되는 상황이었다. 외국 투자가들은 한국의 경제에 불안감을 가지고 주시하기 시작했다. 자신들의 피 같은 돈을 빌려간 기업이 부도를 냈는데 돈을 못 받을까 불안해하는 것은 당연한 일이다. 거기에 재계 8위의 기아그룹까지 부도위기로 몰렸다.

외국 투자가들은 이미 발을 빼기 시작했거나 뺄 만반의 태세를 갖추고 있었다. 신속하고도 분명한 대책을 세우지 않으면 금융 위기는 불을 보듯 뻔 한 상황이었다. 그런데도 강경식 전부총리는 기아 사태를 일관성 없이 3개월씩이나 질질 끌었다. 그 여파로 많은 중소기업들이 하루에도 수십 개씩 파산을 하게 되었다. 우리 경제는 자체 회생불능의 길로 접어들고 말았다. 이러한 급박한 과정을 가장 가깝게 접한 당국자가 조치를 취하지 않은, 다시 말해 문제의 실체를 제대로 인식하지 못한 이유는 과연 무엇일까?

그것은 강 전부총리와 기아 김선홍 회장과의 감정싸움이 있었다. 당시 기아 사태를 처리하는 과정에서 강 전부총리는 김선홍 회장을 퇴진시켜야 한다는 입장을 고수했다. 기아는 노조가 지분을 많이 가지고 있었다. 때문에 노조가 선출한 김 회장의 제거가 3자인수를 하는데 도움이 된다는 판단 때문이었다. 이에 김 회장은 삼성음모론을 내세워 버티기로 나갔다.

강전총리는 3자인수라는 자신의 뜻에 장애요소인 김 회장이 못마땅했고 김 회장은 삼성음모(?)에 자신이 희생양이 되는 상황에서 상호 감정이 생기게 된 것이다. 결국 경제회생이라는 본질은 뒷전이 되었고 그들의 뇌리에는 오직 골이 깊어진 감정뿐이었다.

그렇게 기아 사태는 3개월을 끌었다. 그사이 경제위기는 극에 달하고 있었다. 한국은 IMF 라는 국가부도를 맞았고 전 국민이 경제

빈곤이라는 고통의 나락으로 빠져들었다. 그것은 또한 사상 초유의 수평적 정권교체라는 역사를 만들기도 했다. 문제의 본질은 김영삼 정부의 국가경영 부실이라는 데 있었지만 강전부총리의 두뇌 속에는 김선홍 회장에 대한 감정만이 가득했기에 위기의 실체를 인식하지 못한 것이 영향을 미친 결과다.

::신혼여행

E여대 비뇨기과 권모 교수가 신문지상에 올린 사건이다. 서울 압구정동에 사는 25세인 K양은 독신주의였다. K양이 독신이 되려고 했던 이유는 자신의 아버지가 바람둥이로 부모가 불행하게 사는 것을 보며 살았기 때문이다. 즉, 남성에 대한 불신 때문이었다.

그런데 그녀는 몇 년 전 부터 집요하게 따라 다니는 P씨의 열정에 그만 독신주의를 포기하기로 마음을 바꾸었다. 그때까지 순결을 지켜온 그녀는 상대에게도 순결하기를 바랐고 오직 자신만을 사랑해 줄 것을 결혼의 조건으로 내세웠다. P씨가 일편단심 그녀만을 사랑하겠다는 고백을 수없이 해오자 그녀의 마음이 녹아내렸던 것이다.

그러나 남성에 대해서는 워낙 불신감이 심했던 그녀는 P씨가 하는 말의 신뢰성을 확인받기 위해 어머니에게 최종 확인받기로 하고 소개를 했다. 그녀의 어머니도 P씨를 보고 자신의 남편과는 판이하게 순수하고 바람피울 사람으로 보이지 않는 다며 쾌히 승낙을 했다.

그녀는 꽃피는 4월 결혼식을 올렸고 설레는 마음으로 제주도로 신혼여행을 떠났다. 그런데 신혼여행 이틀째 날 그녀는 남편에 대한 뭔가 이상증세를 느꼈다. 남편과 첫날밤을 새운 그녀는 자신의 몸에 이상증세를 느꼈다. 10분마다 화장실을 드나들게 되었고 소변을 볼 때마나 감전된 것처럼 찌릿찌릿하고 매우 고통스러웠다. 그녀는 순간 자신이 성병에 걸렸을 것이라는 생각이 들었고 신랑에 대한 의심이 되기 시작했다.

그녀는 신랑을 다그치기 시작했다. 그런데 영업사원이었던 신랑은 결혼 며칠 전 바이어를 접대한답시고 직업여성과 관계를 가진 일이 있었다. 거짓말을 못하는 신랑은 켕기는 마음에 주눅이 들기 시작했다. 신랑은 그 사실을 이실직고 하고 무릎 꿇고 자신의 과오에 대해 용서를 빌었다.

그녀는 배신감에 사로잡혔다. 자신만을 사랑하고 다른 생각은 꿈에도 하지 않겠다던 신랑이 결혼 며칠을 앞두고 다른 이성과 관계를 가졌다는 사실에 분개했고 배신감과 함께 독신주의를 포기한 것이 후회가 되기 시작했다. 그녀는 울면서 친정어머니에게 전화로 모든 사실을 알렸다. 그러자 그녀의 어머니도 자신의 남편에 대한 과거의 부정적인 감정이 되살아났다.

감정이 격해진 어머니는 결혼식을 며칠 앞두고 외도를 하는 그런 인간과는 일찌감치 헤어지는 것이 낫다고 판단하고 당장 보따리를 싸라고 호통을 쳤다. 그녀는 더 이상의 신혼여행은 물론이고 결국 이혼할 결심을 하고 신혼여행 이틀 만에 짐을 꾸리고 돌아왔다. 그리고 신부는 치료를 받기 위해 곧장 병원으로 달려갔다.

그런데 병원에서 진단을 받은 신부와 어머니는 어이가 없었다. 진단 결과는 성병이 아니고 첫 경험 때 흔히 발생되는 밀월성 방광염이었다. 신부가 경험이 없는 상태에서 격렬한 성관계를 하면 발생할 수 있는 현상이었다. 그녀는 자신이 잘못 오해한 것에 대하여 후회를 했지만 남편의 외도를 알게 된 이상 결혼생활은 불가능하게 되고 말았다.

물론 감정의 벽에 걸리지 않았다고 남편의 결혼 직전 외도한 사실이 없어지는 것은 아니지만 결과적으로 감정만 앞세우지 않았더라면 남편의 외도 여부를 다그치지는 않았을 것이고 결과적으로 이혼은 막을 수 있었을 것이다. 자신이 성관계 후 몸의 이상 징후를 오로지 성병 때문이라는 오해와 부모의 과거 경험에 대한 감정 때문에 사리 판단을 제대로 못한 결과 후회스러운 신혼여행을 하고 말았다. 바로 인식의 벽에 더하여 감정의 벽 때문에 벌어진 웃지 못 할 일이 발생한 것이다.

▧진단

중1의 외아들이 있다. 그런데 한 달 가까이 학교를 안가고 있다. 알고 보니 반 아이들이 놀리는 것이 그 이유였다. 실제 이런 일이 있었다면 어떻게 하겠는가?

▧풀이

상기의 문제를 가지고 수차례에 걸쳐 연수생들을 대상으로 설문조사를 해보았다. 결과는 놀리는 아이를 찾아가 야단을 친다는 응답이 60% 이상을 차지했다. 그 외에 자식에게 태권도를 가르친다. 자식을 때린다.(바보같이 놀림 받았다고.) 놀리는 아이를 회유한다. 교사와 상담한다. 전학을 시킨다. 놀리는 아이를 초대하여 만찬을 베푼다. 경찰에 알린다. 놀리는 아이 집을 폭파한다고 위협한다. 부모가 며칠간 대동한다. 놀리는 아이들을 회유한다. 등과 같이 즉시로 해결하려는 방법을 시도하는 것이 대부분이었다.

혹 위에 제시한 아이디어의 유형을 제시하지는 않았는가? 만일 상기와 같은 방법들을 동원했다면 물론 올바른 해결 방법이 아니다. 특히 놀리는 아이를 박살낸다거나 자식을 때리는 것과 같은 행위는 감정의 벽 때문에 나온 행위다. 이 상황에서는 하나의 객관적인 정황으로 받아들여 이성적인 판단을 했을지 모르나 실제의 상황이라면 감정적인 접근을 했을 가능성이 훨씬 높다. 만일 그랬다면 자식이 놀림을 받는다는 사실에 대한 감정 때문에 문제의 실체를 냉정히 판단하지 못한데서 비롯된 결과다.

　놀리는 데에는 이유가 있을 것이다. 일단 무엇 때문에 놀리는지 놀리는 원인을 파악해 보아야 한다. 그리고 그 원인을 제거하는 이성적인 판단에 의한 해결 방법이 합리적일 것이다.

　놀리는 원인이 뚱뚱하다거나 키가 작다거나 코에 점이 있는 것과 같은 신체적인 문제일 경우도 있을 수 있고, 걸음걸이가 팔자걸음을 걷는다거나 고개가 삐딱한 것 같이 행위에 문제가 있어 놀릴 수도 있다. 혹은 아버지의 직업 때문일 수도 있고 또 남의 물건을 훔쳤다거나 공부를 못한다거나 연애를 하다가 들킨 경우와 같이 어떤 행위 때문에 놀림을 받을 수가 있다. 또는 잠잘 때 코를 곤다거나 밥을 먹을 때 소리를 낸다거나 하는 것과 같이 아이의 습관 때문에 놀림을 받을 수도 있는 것이다. 그 외에도 놀림을 받을 수 있는 경우는 무수히 많다.

　어떤 원인에서 비롯된 문제임에도 불구하고 문제의 본질을 파악하지 않고 그저 자식이 놀림을 받았다는 것에 대한 감정을 앞세워 감정적으로 문제를 해결하려고 한다면 문제를 해결하기가 어려워질 수 있다.

그러나 만일 감정을 갖지 않고 냉정히 판단한다면 놀리는 이유를 파악한 후에 원인을 제거하는 방향으로 접근했을 것이다. 이는 바로 감정의 벽이 문제의 실체를 제대로 보지 못하게 한 결과다. 이

와 같이 감정은 우리의 두뇌가 상황을 직시할 수 있는 기능을 마비
시킨다.

습관의 벽을 깨라

　사람은 누구나 나름의 습관을 가지고 있다. 하나의 예로 어려서 부터 잘못을 하면 어른들로부터 야단을 맞는다. 야단맞는 것을 원하는 사람은 없다. 따라서 사람은 잘못한 일이 있으면 일단 야단을 맞지 않으려고 숨기려는 습관이 생기게 된다.

　습관은 누가 가르쳐 주거나 훈련을 통해서 생기는 것이 아니고 자신이 처한 여건상 가장 편리하고 요긴한 방향으로 또 자연스럽게 행동하는 과정을 통해 생기는 것이다. 그렇게 붙은 습관은 좀처럼 고치기 어렵다. 그래서 세 살 버릇 여든까지 간다는 격언도 있다.

　인간의 습관 가운데 가장 보편적으로 붙게 되는 것이 바로 자기 방어 본능이다. 자기방어 본능은 인간이라면 누구나 갖고 있는 것이다. 이는 인간의 원초적 본능이라고 할 수 있을 것이다. 인간의 욕구 본능중의 하나인 존경받고 싶은 본능도 마찬가지일 것이다.

인간이 자신의 가치를 인정받고 존경받기위해서 방어하려는 것은 자연스런 일이라 할 수 있다.

이는 개인뿐만 아니라 조직 활동에서도 마찬가지다. 특히 자신의 실수나 자신이 속한 조직에 문제가 있을 경우 이를 부인하려는데 필사적이 된다. 자신 또는 자신이 속한 조직 내에 문제가 있을 경우 이를 감추려고만 한다면 문제의 소재를 알 수 없기 때문에 문제를 해결하기란 매우 어렵다. 조직이나 자신의 잘못을 감추려고 할 경우 문제해결에 큰 장애 요소가 된다. 만일 그 문제가 조직의 사활이 걸린 문제라면 그로인해 조직은 위기에 직면할 수도 있다.

자신이 갖고 있는 습관 때문에 문제의 실체를 제대로 보지 못하거나 혹여 제대로 보았더라도 습관에 젖어 합리적이고 이성적인 판단을 하지 못하면 전혀 다른 방향으로 끌려가는 것이다. 이를 '습관의 벽' 또는 '습관 바이러스'라 한다.

::천안함 대응

2010년 3월26일 오후 9시 22분 서해안에서 군사훈련을 하던 1200톤급 천안함이 북한의 폭격으로 격침되었다. 46명의 장병이 아까운 생명을 잃었다. 연평도 주민뿐만 아니고 우리 국민들 모두를 충격으로 빠뜨려 처인 공로할 사건이었다.

그런데 그 과정에 대한 소행의 주체를 놓고 많은 논란이 있었다. 국론 분열의 양상까지 벌어졌다. 그러한 과정에서 군 당국의 수없는 말 바꾸기 행태가 의문을 더욱 부추겼다. 발발시점이 45분이었다. 아니 30분이었다. 22분이었다. 수없이 뒤바뀌고 실제는 15분이었다는 증언이 나오기도 했다. 또 TOD 감시카메라 6대 모두 사건 직후 4분여 동안 공교롭게도 동시에 그 장면을 비추지 못했다고 발표했다. 확률적으로 매우 희박한 일이 벌어진 것이다.

국민들 중 국방부의 말 바꾸기 하는 것을 보고 뭔가를 숨기는 게 아니냐는 의문을 제기하는 사람들도 적지 않았다. 인터넷에서는 의문의 정황 사진을 올리는 등 추측성 글들이 난무했다. 새로운 의혹이 불거질 때마다 말 바꾸기를 한 것은 하나의 습관 때문이다.

본질이 무엇인지는 명확하지 않지만 군 당국이 자신들의 부끄러운 모습을 감추고자 하는 습관의 벽 때문이었다. 그러한 습관이 전에 한 말을 꿰맞추기를 하려다가 또 다른 의혹과 의혹이 꼬리를 물게 되었고 결과적으로 군에 대한 불신을 키우는 요인이 되고 만 것이다.

:: 나 이사
반도체 회사인 A사에 근무하는 나 씨는 대기만성형의 임원이었다.

그런데 그의 직속부서에서 제품 생산과정 중 큰 오류가 발생하여 일본 고객으로부터 많은 클레임과 함께 여차하면 거래 중단의 위기에 놓이게 되었다. 소속 부서의 엔지니어들은 밤샘 근무하면서 분석을 하기 시작했다. 며칠간의 실험결과 부서에서는 하나의 결론을 얻었다. 그것은 제조 공정의 금형과 제품의 간격을 없애야 한다는 결론이었다. 그런데 난처하게도 고객은 간격을 최대한 많이 띄워서 해야 한다는 논리였다. 서로 상반된 논리였다.

일본 고객은 자신들의 생각과 다르면 이해하기 전까지는 절대 OK하지 않는다. 그래서 클레임 문제를 가지고 일본 고객과 갑론을박 싸움하듯 의견 교환이 이루어지고 있었다. 내부에서도 실험에 직접 참여하지 않았던 몇몇 간접 부서에서 회사 내부의 결론에 이의를 제기했다. 내부에서는 '어느 것이 옳은가' '일본고객을 어떻게 설득 시킬것인가'를 가지고 난상 토론이 벌어졌다.

그런데 담당인 나 이사가 우연히 그 문제를 가지고 토론하는 상황을 보게 되었다. 그는 자신의 현장 경험과 일본 사람들의 실력에 대한 믿음을 근거로 일본 사람의 이론이 맞다고 판정을 했다. 그래서 모든 논의는 중단되었고 일본 고객의 의도대로 장비의 구조를 만들어서 생산하겠다는 해당 고객에게 메시지를 보냈다.

일본 회사의 의도대로 따르겠다는 메시지를 받은 일본 고객은 감사하다는 메시지를 보내왔다. 그때 그 문제는 중역회의에 까지 상정된 문제였기 때문에 최고경영자는 나 이사에게 문제에 대한 대응책을 물었다.

그는 자신이 취한 조치를 내세워 앞으로는 문제가 근절될 것이라며 자신감을 피력했다. 일본으로부터 받은 감사의 메시지까지 인용하여 설명을 했다. 구체적 내용을 모르는 다른 중역들은 그의 자신감 있는 조치를 지켜보며 제발 문제가 근절되기만을 바랄뿐 이었다. 현장에서는 그의 논리대로 장비를 바꿔 작업하였다.

그런데 그 후 문제는 걷잡을 수 없는 상황이 되어가고 있었다. 반도체 패키지에 현미경 관찰로만 검출되는 미세한 크랙이 다량으로 발생되기 시작했다. 현장에서는 그 사실을 알고 다시 담당 엔지니어가 제시한 대로 장치를 바꾸어 생산에 들어갔다. 물론 문제는 해결되었다. 다만 나 이사 모르게 조치를 취했던 것이다. 나 이사가 워낙 완고한지라 감히 언급을 할 수 없었던 것이다.

그런데 나 이사가 우연히 현장에 들렀다가 자신의 지시대로 하지 않는 것을 발견했다. 현장에서 나 이사의 지시에 따르지 않은 이유를 설명했지만 나 이사는 노발대발 하면서 다시 자신의 의도대로 원상복귀 하도록 조치를 취했다. 아울러 자신의 명령을 거역했던 담당 정비사는 한직으로 인사발령을 내렸다.

이제 감히 아무도 그의 명을 거역할 수 없었다. 그 후 제품의 신뢰성에 치명상을 입히는 문제는 계속되었다. 그렇다고 문제의 제품을 알면서 계속 생산할 수도 없는 일이었다. 그러자 현장에서는 편법을 동원했다. 낮에는 나 이사가 요구한 대로 작업을 하고 밤에는 그 반대(불량 발생이 안 되는)로 작업을 했다. 밤에 작업을 하는 것만이라도 건져보기 위함이었다. 그리고 최대한의 인력을 동원하여 100% 현미경 검사를 통해 일일이 문제의 제품을 골라내며 작업을 했다. 해당 제품에서는 평균 5% 이상의 불량이 발생하고 있었다. 문제에 처음부터 관여했던 엔지니어는 그 문제로 결국 회사에 위기가 올 것을 예상하고 QC 및 영업 부서에 문제를 계속 제기했다.

이러한 내용을 접한 최고 경영진에서는 진상조사에 들어갔다. 그러자 나 이사는 다시 중역회의에서 자신의 조치가 옳았음을 역설했다. 일본 고객이 잠잠해진 것을 증거로 삼았다. 그는 중역회의에서 돌아와 문제를 제기한 담당 엔지니어를 심하게 질타했다.

그러나 불안했던 나 이사는 늦은 밤까지 분석하기 시작했다. 그 과정에서 자신이 틀렸다는 사실을 알게 되었다. 그러나 그는 거기서 물러설 수 없었다. 자신의 잘못을 인정하는 것 자체는 자신 때문에 그동안 엄청난 불량이 발생된 것을 인정하는 것이고 그 책임을 면할 길이 없었기 때문이었다.

특히 자신이 중역회의에서 큰소리를 쳤던 것을 번복한다는 일은 자멸행위이기 때문에 자신의 논리가 틀리지 않았음을 증명할 새로운 논리가 필요했다. 그는 현장에서 자신의 지시대로 이행하지 않았기 때문이라며 억지 논리를 개발했다. 그러나 그것도 여의치 않자 이럴 수도 저럴 수도 없었던 그는 결국 더 이상 개입을 하지 않고 뒤로 한발 물러섰다. 다만 일본에서 클레임이 오지 않기만을 바라고 있었다.

그러나 사필귀정이었다. 나 이사의 방법, 다시 말해 일본고객이 지시한 방법으로 생산된 제품의 일부 로트에서 20% 이상의 신뢰성에 문제가 있다는 통보가 온 것이다. 일본의 고객사에서는 즉시 엔지니어 3명을 A사로 보냈다. 이에 불안을 느낀 나 이사는 이때를 맞추어 국내 출장을 가버렸다. 사실을 인정할 수도 인정하지 않을 수도 없는 딜레마에 빠졌기 때문이다. 결국 담당 엔지니어가 처리를 해야 했다. 담당 엔지니어는 일본 고객에게 잘못이 있음을 기술적으로 설명했다.

일본 고객은 그제야 자신들이 지시한 방법에 문제가 있었음을 알게 되었고 그 사건 이후 앞으로는 이래라 저래라 하고 고집을 피우지 않겠다며 사과성 표현까지 했다. 그리고 방법을 알고 있으면서도 자체 엔지니어의 판단대로 하지 못했던 이유가 바로 나 이사 때문이었음을 알고는 나 이사에게 담당 엔지니어의 논리대로 반드시 조치를 취해 줄 것을 요구했다.

나 이사가 출장가고 없는 것을 알게 된 일본 고객은 일정을 하루 늦추기까지 하면서 나 이사를 만나 서면확인을 받고 돌아갔다. 그들이 돌아갔을 것이라고 생각하고 돌아온 된 나 이사는 일본 고객에게 담당 엔지니어의 의견을 무시했던 것을 사과함으로써 2개월여 만에 문제는 일단락되었다. 그 후 나 이사는 중역회의에서 문제의 진상에 대한 청문회를 받았다. 물론 내막을 자세히 모르는 이사들만 있는 곳에서……

과연 그는 그곳에서 자신의 잘못을 시인했을까? 그는 자신이 잘못해서 발생된 문제라고 시인하지 않았고 책임을 면하려 나름의 변명의 논리를 내세워 끝까지 인정하지 않았다.

한 치의 양보도 없는 치열한 경쟁 사회에서, 또한 그 엄청난 사건 앞에서 당신이라면 "제가 잘못했습니다." 라고 말할 용기가 있겠는가? 위기에서 자신을 방어하고자 하는 것은 자연적인 현상이다. 그러나 습관의 벽이란 이렇듯 문제해결에 크나큰 적이 될 뿐만 아니라 결국 더 어려운 상황에 직면하는 결과를 만든다.

▨진단

20세기 당대 마술사로서 최고의 명성을 떨친 후디니라는 사람이 있었다. 그의 실력은 단지 눈속임만이 아니었고 실제로 마술사로서 대단한 실력을 소유하고 있었다.

그는 어떠한 자물쇠라도 순식간에 열 수 있는 놀라운 능력을 가진 사람이었다. 그가 마음만 먹으면 어떤 금고도 모두 털 수 있었다. 심지어는 자물쇠로 잠그고 물속에 넣어도 수 분 내에 자물쇠를 열고 나왔다. 그의 생전에 열지 못한 자물쇠나 수감시켜도 탈옥하지 못한 감옥은 없었다.

그런데 한 번은 도박사들이 그와 내기를 걸었다. 특수 감옥에 그를 감금시키고 한 시간 내에 탈옥을 할 수 있을 것인가를 가지고 승부 내기를 건 것이었다. 어떠한 장치도 가지지 않고 문을 열어야 하는 것이었다. 그는 감옥에 들어가기 전 검사를 받았다. 팬티만 입은 채로 몸 검사를 받았다. 그는 아무런 장치도 갖지 않고 단단히 잠긴 깜깜한 감옥에 투옥된 것이다.

이윽고 종이 울렸다. 그는 여느 때와 같이 자신 만만했다. 이제 그가 이 감옥의 문을 열기만 하면 그는 만인 앞에서 공식적인 세계 최고의 마술사로서 인정을 받게 된다. 많은 군중들이 그 결과를 지켜보기 위해 몰려와서 과연 그가 '자물쇠를 풀고 나올 것인가? 못할 것인가? 혹자는 과연 몇 분 만에 자물쇠를 열게 될 것 인가?'를 가지고 내기를 걸었다.

감옥에 갇힌 그는 주위를 한번 가볍게 둘러보고 자물쇠를 찾아

손에 쥐었다. 그리고는 입에서 작은 쇳조각을 꺼냈다. 여유 있게 자물쇠에 쇳조각을 넣고 좌우로 흔들며 자물쇠를 따기 시작했다. 그런데 역시 그 자물쇠는 보통의 자물쇠는 아닌 듯싶었다. 10여분을 노력했지만 자물쇠는 열리지 않았다. 이제껏 그가 자물쇠를 여는데 10분이 걸렸던 경우는 없었다. 그는 조금씩 긴장되기 시작했다. 그는 고개를 갸우뚱 하면서 다시 손끝의 감각을 확인해 가면서 자물쇠를 여는 작업을 계속했다.

그러나 자물쇠는 쉽게 풀리지 않았다. 시간이 점점 흐르고 있었다. 그의 이마에는 땀이 흐르기 시작했다. 시간은 30분, 40분이 넘어가고 있었다. 그는 자물쇠를 손으로 어루만지며 좌우로 흔들면서 필사의 노력을 다해 보았다.

결국 무심하게도 자물쇠는 열리지 않았다. 만일 그가 자물쇠를 열지 못한다면 그의 마술사로서의 인생은 끝이 나는 것이다. 그의 얼굴은 변해 갔고 군중들은 술렁이기 시작했다. 극적으로 꼭 한 시간되기 직전에 열고 나올 것이라고 말하는 사람도 있었고, 풀지 못할 것이라고 하며 이런 저런 말들을 주고받는 사람들도 있었다. 그가 열지 못하면 막대한 재산을 날릴 상황에 놓인 도박사들은 손에 땀을 쥐고 지켜보며 그를 응원하고 있었다.

시간은 점점 흘러 50분이 지나고 있었다. 그는 더 이상 시간을 보지 않고 조금 전에 했던 동작만 반복하고 있었다. 그의 얼굴은 이미 자신감을 잃은 표정이었다. 그러는 사이 "땡" 하고 그의 패배를 알리는 종이 울렸다.

그는 종소리와 함께 "나는 내 생에 처음으로 자물쇠를 열지 못했다. 나는 이제 끝장."이라고 혼잣말을 하면서 맥없이 문을 향해 쓰러지고 말았다. 그는 게임을 포기했다. 아니 진 것이다.

그런데 그 순간 그의 몸이 쓰러지는 방향으로 문이 스스로 열리는 것이었다. 깜짝 놀라 열린 쪽의 문을 주시해 보았다. 그는 참으로 어이없어 넋을 잃고 말았다. 어떻게 이런 일이 벌어질 수 있었을까? 문을 열려고 힘을 쓸 때는 열리지 않다가 포기하고 쓰러지는 순간 그의 몸에 걸려서 문이 열린 이유는 무엇일까?

▧풀이

이유는 자물쇠가 잠겨있지 않았던 것이다. 이미 열려있던 자물쇠를 열려고 하니 열릴 리가 없었다. 잠긴 자물쇠만 풀려고 노력을 했던 상황에서 열려있는 자물쇠까지도 열려고만 했던 그는 결국 그로 인해 마술사로서의 생명이 끝나게 된 것이다.

▧쉬어가기

2011년 1월 10일 밤 11시 30분경 대전 유성구 카이스트의 한 건물 보일러실 앞에서 카이스트 1학년 조 모 군이 오토바이에 엎드려 숨져 있었다. 조 군은 2009년 8월 부산의 전문계 고교 재학 중 카이

스트 입학사정관제 전형으로 합격하여 주위를 놀라게 한 바 있다. 그는 초등학교 때부터 각종 국내외 로봇경진대회에서 60여 차례나 상을 받았다. 중학교 때는 고교생들을 물리치고 로봇올림피아드 국가대표로 선발되었고 고교시절에는 같은 대회에서 세계 3위를 차지하기도 했다.

그런 그가 카이스트라는 대단한 대학에 진학하여 부러움을 샀는데 자살했다는 것이 납득이 안됐다. 경찰 조사결과 그는 일부 학과에서 낙제점을 받는 등 성적문제로 스트레스를 받아 자살한 것으로 밝혀졌다. 이과계열의 학생이라면 누구나 가고 싶어 했고 전문계 고교 출신으로는 꿈조차 꾸기 힘들었던 카이스트에 합격한 것이 오히려 그에게 불행의 단초가 되었다.

집착의 벽을 깨라

1971년 미국의 닉슨대통령이 암과의 전쟁을 선포했다고 한다. 수많은 과학자들을 동원하여 40여 년간 2조 달러를 투입한 결과 그들은 암 치료에 완패를 선언했다고 한다. 미국 과학자 100명이 암은 도무지 왜 발생하며 어떻게 증식하고 어떻게 전이되는지를 도무지 알 수 없다고 말했다고 한다. 그들은 왜 암치료에 실패하고 말았을까? 그것은 다름 아닌 암을 죽이려는 집착의 벽에 걸린 것이다.

현대의학은 암을 죽이는 데만 집착한다. 수술로 제거하고 화학물질로 제거하고 방사선으로 태워죽이고 냉동시켜 얼려죽이고 혈전물질로 동맥을 막아 암세포를 괴사시킨다. 그 결과 암세포도 죽지만 다른 정상세포가 산소결핍으로 새로이 암이 되는 것이다. 사실 암은 잘 죽는 병도 아니고 산소결핍을 해소하기만 하면 정상화될 수 있다. 수많은 암환자들이 산속에서 자연 치유되고 고압산소 치료기로 낫는다. 그런데 그들은 그렇게 많이 알고 있으면서도 암을 치료하지 못한다. 암세포를 죽이겠다는 집착의 벽에서 헤어나지 못한 결과다. 암의 원인과 자연치유의 원리는 '암, 산소에 답이 있다' 라는 책에 상세하게 언급되어 있다.

사람은 어떤 상황에 직면했을 때 자신에게 중요하다고 생각하는 만큼 그것에 몰입한다. 일반적으로 이를 『집중』이라고 하며 그 힘을 집중력이라고 한다. 집중력은 산만한 상태의 두뇌를 자신이 관심을 가지고 있는 특별한 사안에 집중시켜 준다. 집중하면 뇌에 많은 산소가 공급되고 그 능력은 더욱 커진다.

하지만 문제의 핵심과 관계가 없는 것에 두뇌 에너지를 집중할 경우를 『집착』이라고 하는데 이는 오히려 문제해결의 역효과가 나타날 수 있다. 왜냐하면 문제의 해결과는 동떨어진 것에 뇌력이 집중될 경우 정작 문제해결에 필요한 요소를 간과하기 때문이다. 집착 때문에 사안을 제대로 보지 못하게 하는 요소를 집착의 벽이라 한다.

우리 사회의 병리 현상중의 하나인 학력병도 집착의 결과다. 부모들이 자녀들에게 거는 궁극적인 목표는 자녀의 성공이다. 학력이 성공에 다소간의 도움이 되는 것은 사실이다. 특히 우리나라와 같은 환경에서는……. 그러나 성공의 요소에는 학력을 비롯한 인격이나 창의성, 감성지수, 문제해결능력, 사회성 등 다양한 요소들이 있다. 그런데 궁극적인 목표를 망각하고 학력이라는 것에만 지나치게 집착함으로써 성공과는 거리가 먼 방향으로 가는 경우가 비일비재하다.

우리가 어떤 부분적인 사안에 지나치게 집착하면 전체를 볼 수도 없을 뿐만 아니라 상황의 변화를 직시하지도 못하게 된다. 그럴 경우 뇌력은 집착하는 것에 집중되어 집중된 요소 외에는 자신의 눈에 들어오지 않는 것이다. 눈으로 보고 상식적으로 알고 있는 것인데도 정보를 끄집어 내지 못하게 된다는 것이다. 마치 눈과 두뇌의 활동영역에 무언가가 씌워진 것과 같은 결과를 가져온다. 이는 하나의 두꺼운 벽처럼 좀처럼 허물기가 쉽지 않다. 이를 집착의 벽이라 한다.

2010년 지방선거 때의 일이다. 선거를 한 달여 남겨두고 천안함 사태가 발생했다. 정치권은 과연 그것이 여당에 유리해서인가 아니면 야당에 유리할 것인가를 놓고 촉각을 곤두세웠다.

이때 당시 한나라당 인천시 당 위원장인 이윤성 국회의원의 발언은 바로 집착의 벽 때문이었음을 알 수 있다. 그는 천안함 침몰이 그의 지역구인 '인천 앞바다에서 발생된 것이 참으로 다행이다'라는 발언을 했다. 안보 심리가 지역구에서 확산되기를 기대한 것이다.

하지만 많은 유권자는 물론 심지어 당내에서도 비판을 받은 바 있다. 그것은 사실 국가적으로 보더라도 다행이 아니었고 선거 결과도 그가 바랬던 결과가 나오지 않았다. 서해안 지역에서는 한나라당현 새누리당의 참패로 끝났다. 그의 발언이 얼마나 악영향을 주었는지 정확히 알 수 없으나 당시 유권자들의 반응이나 결과로 보아 악재가 된 것은 틀림없다. 이러한 사례들은 모두 집착의 벽에 의한 부정적인 결과다.

특히 선거 때 집착의 벽 때문에 선거를 망치는 경우는 허다하다. 스페인의 카탈로냐주에서는 2010년11월28일 지방선거가 실시되었는데 당국에서는 유권자들의 투표율을 높이기 위해 젊은 여성이 투표를 하면서 오르가즘을 느낀다는 선정적인 광고를 해서 유권자들로부터 비난을 받고, 광고를 만든 여당에 비난이 쏟아졌다고 한다. 이 또한 한 가지에 집착을 하면 전체를 보지 못하는 우를 범할 수 있다는 하나의 사례이다.

::연평훈련

2010년은 국가적으로 큰 위기의 한해였다. 그 가운데 북한의 연평도 포격을 빼놓을 수 없다. 우리 군은 우리영토에서 정례적으로 훈련을 실시했다고 한다. 그런데 북한은 NLL설정의 근거가 없다며 자신들 나름의 NLL을 내세우며 훈련을 하지 못하도록 위협을 가했다.

북측의 협박에 굴하지 않고 우리군은 훈련을 실시했다. 그러나 훈련의 결과는 참혹했다. 북한의 공언대로 연평도에 수백발의 포격을 퍼부었으며 연평도 주민들은 참혹한 현실을 맞이했다. 결국 북측의 공격에 응사만 했을 뿐, 우리 군은 훈련을 다 끝내지도 못했다. 그 후 국방장관은 교체되었고 새로이 임명된 김관진 국방장관은 "남측은 훈련을 반드시 하고야 말겠다."고 공언했다. 북한은 만일 남측이 훈련을 한다면 이전보다 훨씬 더 큰 타격을 가하겠다고 위협했다. 심지어 핵으로 보복을 가하겠다고 까지 위협했다.

한쪽에서는 훈련을 반드시 하겠다고 하고, 다른 한쪽은 훈련을 하면 전쟁불사라며 으름장을 놓는 상황이었다. 전 세계가 우려의 시선으로 주시했고 훈련 직전 주식시장은 다시 출렁거렸다. 전쟁으로 득을 보는 국가나 개인이 아니라면 더 이상 전쟁이 나지 않기를 바라는 마음은 한결같을 것이다. 온 국민들이 불안감에 휩싸였다. 다시금 전쟁을 하는 것은 아닌지…….

결국 12월 20일 오후 2시 30분경 결국 훈련은 실시되었다. 다행히 북에서는 대응할 가치가 없는 일이라며 꼬리를 내렸지만 참으로 위험한 일이었다. 전문가들의 예측에 의하면 중국이 후진타오 주석의 미국 방문을 앞두고 사태악화를 원치 않아 영향력을 행사했기 때문이라는 분석도 있었고, 미국의 압력 때문이라는 분석도 있었다.

주권 국가로서의 당연한 권리행사라는 점을 나름 국민적 자존심에 대한 의미로 받아들인다고 하더라도, 훈련을 하고야 말겠다는 집착으로 자칫 큰 화를 맞을 뻔 했던, 불안과 공포에 쌓인 아찔한 상황을 온 국민이 목도했다. 그 훈련으로 전쟁이 발발하지는 않았지만 국제적 이미지에 아주 큰 손상을 입은 것은 사실이다. 북한은 물론 중국 러시아 등이 말리는 훈련을 감행함으로써, 전 세계적으로 가장 호전적 이미지의 북한이 인내하는 모습을 전 세계에 보여준 것이라는 평가도 있다. 뒤로도 연이어 우리군의 훈련은 한동안 계속되었다. 그 훈련 직후 서방 언론들은 일방적인 북한 비난에서 양비론으로 바뀌고 있다고 12월 27일 경향신문 4면에 밝히고 있다.

특히 BBC는 남한의 공격적인 태도는 북한으로 하여금 자신들이 마치 피해자이고 더 자제력을 발휘하는 쪽인 것처럼 내세우는 기회를 주었다고 분석했다. 중국의 강력한 자제호소에도 불구하고 우리의 주권이라며 연평도 훈련을 감행한 결과 최대 경제 교역국인 중국과 외교적 불신을 만들었던 것도 사실이다. 가치를 어디에 더 크게 두느냐에 따라 판단은 달라질 수 있지만, 훈련을 통해 얻은 것과 잃은 것을 비교해 볼 필요가 있다. 이 모두가 하고야 말겠다는 집착의 벽이 낳은 결과다.

::자충수

97년 대선 때의 일이다. 선거 종반으로 가면서 김대중·이회창 양
자대결 구도로 가고 있었다. 선거전은 정책 대결이 아닌 상대방 흠
집내기의 대결이었다. 상대에게 어떤 흠집을 내느냐의 여하에 따라
지지율의 순위가 뒤바뀌는 혼전이었다. 선거 초반 이회창 후보는
대쪽 이미지와 청렴성을 배경으로 단연 선두를 달렸다.

그런데 이 후보는 아들 병역문제로 3위로 곤두박질을 치면서 후
보 사퇴의 압력을 받는 상황까지 몰렸다. 그러다 조순과의 제휴를
시점으로 2위 자리를 되찾기 시작했다. 또 그에 힘입어 이회창 후
보는 근소한 차로 김대중 후보를 추격해 나갔다. 그가 김대중 후보
를 추격 할 수 있었던 데에는 김대중 후보의 건강, 사상, 군 경력 문
제, 심지어는 청력 문제 등 약점을 들추어 낸 것도 한몫을 하고 있
었던 것으로 분석되었다. 조사기관에 따라서는 김대중 후보를 역전
시킨 경우도 있었다.

흠집 내기에서 피해를 보기도 하고 반대로 짭짤한 재미를 본 이
회창 후보는 더더욱 김대중 후보 흠집 내기에 집착했다. 이때부터
흠집 내기에 대한 강한 집착으로 판단력을 잃었고, 마침내 엄청난
자충수를 계획하고 있었다. 그것은 다름 아닌 김대중 후보의 비자
금 계좌의 폭로였다. 김대중 후보의 도덕성에 치명타를 가하겠다는
것이었다.

이회창 후보는 자료를 입수하여 김대중 후보의 비자금 계좌가 31 개라며, 강삼재 당시 당 사무총장에게 발표하도록 지시했다. 그것도 중대 발표를 하겠다며 기자회견을 자청하여 많은 국민의 시선을 모아 발표한 것이다.

그런데 그 결과는 어떠했는가? 비자금 계좌의 진실여부는 별개로 하고 결국 심혈을 기울여 만든 작품이 오히려 이회창 후보 자신에게 치명상이 되고 말았다. 비자금 폭로 사건은 일면 김대중 후보의 약점을 부각시킨 면도 있었다.

그러나 이성을 가지고 지켜본 유권자들은 냉철했던 것이다. 언론과 유권자들은 김대중 후보의 도덕성보다는 '이회창 후보가 실명제 하에서 타인의 예금 계좌를, 그것도 수십 개의 개인계좌를 어떻게 입수했을까?' 하는데 관심이 모아졌다. 대통령이 되기 위해서 범법을 서슴지 않는 사람에게 이 나라의 통수권을 맡길 수 있겠느냐는 것이었다. 그 질문에 이 후보는 답변할 방법이 없었다. 그저 제보가 있었다고만 답했다.

결국 자신의 강점이었던 대쪽 같은 이미지와 도덕성에 치명상을 입은 자충수가 되고 말았다. 그것은 대선기간 내내 그를 괴롭혔고 결국 이회창 후보는 대통령의 꿈이 좌절되었다. 이회창 후보가 2% 이내의 근소한 차로 패배했는데 비자금 폭로 후 지지율 변화의 역

효과는 -2%를 상회한 것으로 분석된다.

대선이 끝난 후에도 그로인해 자신과 측근들이 검찰의 수사대상이 되었다. 이회창 진영에서는 상대의 약점을 폭로하는 데에만 집착을 했을 뿐 전체를 보는 안목 즉, 그것을 바라보는 국민의 시선과 역효과는 생각하지 못한 것이다. 자신도 이해하지 못할 어이없는 행동을 했던 집착의 벽이 그의 시야를 가로막고 있었기 때문에 낙선의 고배를 마시고 말았다.

::김두한의 지략

1957년 자유당 정권이 말기를 향해 가고 있었다. 국회의장이었던 이기붕과 친일세력들은 이승만의 종신대통령제를 추진하고 있었다. 이를 두고 여야 간의 갈등과 대립이 매우 극심하게 치달았다. 와중에 실시된 대통령 선거에서 여권의 2인자 이기붕은 부통령 자리를 장면에게 내주고 말았다.

차기를 노리던 이기붕은 자신의 입지에 불안감을 느꼈다. 이기붕은 이어 실시될 지방선거에서 만회를 하고자 했다. 그러나 민의는 야당인 민주당에 쏠려 있었다. 이기붕의 자유당에서는 경찰과 이정재가 이끄는 전국적 조직을 거느린 깡패 집단을 동원해 선거를 방해하는 전략을 구사했다. 야당 입후보자들의 후보등록 자체를 막고 유세를 방해하는 전략이었다.

그에 대해 야당에선 당시 주먹황제로 불렸던 김두한이 경비대장을 자임하여 맞서고 있는 상황이었다. 이정재는 한 때 김두한의 밑에 있던 깡패였다. 이정재는 차기 국회의원이라는 욕심이 있었기에 독재 정권의 하수인 역할을 자임하고 나섰다. 그는 자유당과 이기붕을 등에 업고 주먹황제 김두한에 정면 도전을 감행한다. 국회에 진입하여 김두한과 격투를 신청하는가 하면 입을 다물지 않으면 죽여 버리겠다고 협박까지 한다.

김두한 역시 위기감을 느낀다. 그가 만일 이정재에게 패하면 자신은 그 세계에서 끝이라고 판단한다. 주먹황제로서 자신의 이미지뿐만 아니라 자신의 역할은 주먹황제로서 깡패 집단의 만행을 막는 일이라는 정치적 소신이 있었기 때문이었다.

선거일은 다가오고 민심은 이승만과 자유당의 독재에 반기를 든 야당 편이었다. 야당에선 분위기를 몰아가기 위해 장충단 공원에서 서울 시민의 25%에 달하는 30만 명의 군중이 예상되는 집회를 계획했다. 이정재는 자신의 사돈이자 화랑동지 회장 유지광에게 지시하여 수천 명의 깡패를 동원해서 집회 자체를 무산시키려는 전략을 세우고 있었다.

반면 김두한은 국회의원 출마당시에 "다시는 자신을 추종했던 주먹들을 동원하지 않겠다"며 추종자들을 모두 해산시켰다. 다만 2백여 명 정도의 청년단원들이 이기붕과 경찰, 그리고 이정재의 횡포를 막아 보겠다고 나선 승산없는 구도였다. 김두한은 밤샘 고민에 빠진다. 과거의 주먹들을 동원할까 생각도 했지만 그의 신념은 확고했다.

그러나 그는 주먹황제로서의 자존심만은 지키고 싶었다. 이정재 역시 둘 중 하나는 죽어야 한다며 결투를 공언했다. 김두한도 이정재와의 대결에선 절대로 질 수 없다는 생각이었다. 자신이 죽느냐 이정재가 죽느냐의 기로에 선 것이다. 즉 서울시민 30만 명이 넘는 군중이 모이는 집회를 성공시키느냐 못시키느냐가 그 승패를 결정하는 것이었다.

이정재를 혼내주겠다며 벼르던 김두한은 그들의 횡포를 막음으로써 집회를 성공적으로 개최하는 것 외에는 다른 생각을 할 수 없는 상황이었다. 수천 명의 깡패와 국가의 경찰을 등에 업은 이정재와 대결해야 하는 김두한으로서는 100전100패라는 것을 뻔히 아는 일이었다.

밤샘 고민 하던 그는 자유당의 허를 찌르는 놀라운 역발상을 한다. 민주당이 집회를 성공적으로 이끌려 하는 이유가 무엇인가? 그것은 전국 유권자에게 독재 자유당의 만행을 알리는 것이다. 독재를 알리려 하는데 독재에 막혀 알릴 길이 없는 상황이다. 정말 이런 악랄한 정권을 국민들에게 알릴 수만 있다면 선거는 간단하게 이기는 것이다. 그렇다면 어떻게 하면 알릴 수 있을까? 집회를 치르는 것은 불가능할 것이고......

그 때 그는 "아! 바로 그거다. 집회가 무산되어 민주주의가 처참하게 짓밟힌 모습을 기자들을 통해 전 국민에게 알리자. 관심이 집중된 대규모 집회를 막는 장면을 본다면 자유당의 횡포가 더 명확하게 드러나는 것이 아닌가! 그거다. 독재에 짓밟힌 민주주의의 생생한 모습이 신문 기사로 보도 된다면, 집회를 성공시키는 것 보다 깡패 집단에 의해 집회가 처참하게 짓밟히고 무산되는 상황을 집회참가 예상자 30만 명이 아닌 전 국민들이 알게 되는 것이 보다 더 효과적인 것이 아닌가?"

그 때 그는 이런 역발상을 한다. '지는 게 이기는 것이다'라고......
김두한은 처절하게 지는 방향으로 전략을 바꾼다. 집회 당일 예상대로 수십만의 군중이 모였고 이정재는 전국의 깡패 수천 명을 동원하여 집회를 저지시켰다. 그 과정에서 유진산과 조병옥을 비롯하여 야당 인사들이 깡패들로부터 피투성이가 되도록 두들겨 맞았고, 이러한 상황을 카메라에 담는 기자들도 짓밟혔다. 그렇게 집회는 무산되었다.

자유당과 이정재, 그 하수인 유지광은 승리했다면서 잔치를 벌인다. 물론 그 모든 장면들은 다음날 생생하게 기사화되어 전국에 뿌려졌다. 독재자유당에 항거하는 민심은 불처럼 타올랐고 이승만과 이기붕, 그리고 자유당의 종말을 고하는 도화선이 된 것이다.
주먹황제 김두한의 집착의 벽을 깬 놀라운 발상이었다. 이정재와 자존심을 건 한판 승부, 집회를 성공시켜야 한다는 집념, 앞이 보이지 않는 절벽 같은 상황에서 김두한은 집착의 벽을 넘은 역발상을 해낸 것이다.

▨진단

1톤이 들어가는 욕탕에 섭씨 40℃의 물을 가득 채우고 45kg과 55kg의 무게를 가진 두 남자가 탕 안으로 살며시 들어갔다면 탕 안에는 현실적으로 몇 킬로의 물이 남아 있을까?
(단, 사람의 비중은 물의 비중의 2배로 가정한다. 비중이 2배라는 것은 같은 무게에 부피는 절반이라는 의미임)(3분)

▨풀이

혹 앞에서 몇 개의 문제를 풀어 보면서 이젠 어떠한 함정에 빠지지 않겠다고 결심한 나머지 제대로 풀었는지도 모른다. 당신의 답이 혹시 950kg이 나오지는 않았는가? 두 사람의 무게를 합친 것이 100kg 이고 비중이 2가 되니 부피는 물의 절반이니 50리터가 흘러나와 950리터가 남았다고 계산하지 않았는가?

그러나 950kg은 나올 경우는 거의 없다. 그 경우는 목욕할 때 두 사람 모두 머리끝 까지 완전히 잠긴 경우뿐이다.

과연 그러는 사람이 얼마나 될까? 최소한 코 이상은 들어가지 않을 것이다. 따라서 정답은 "들어간 사람의 깊이에 따라 다르다"라고 제시되어야 한다. 실제가 그렇다. 그렇다면 당신이 이러한 중요한 사실, 사람이 뜨거운 욕탕에서는 절대 코를 집어넣지 않는다는 사실을 간과한 이유는 무엇인가?

그것은 바로 비중이라는 것에 집착을 한 때문일 가능성이 높다. 비중과 빠져나간 물의 양은 어떤 관계가 있는가에 집착한 나머지 정작 중요한 변수 즉, 사람이 뜨거운 욕탕에서는 대부분 코 이상은 들어가지 않는다는 사실을 간과했을 것이다.

결국 실제로 거의 일어날 수 없는 매우 어리석은 답을 만들었다. 바로 집착의 벽 때문이다.

▨진단

아주 먼 옛날 권위주의적인 임금이 있었다. 그 임금은 나들이를 좋아 했는데 나들이를 할 때마다 발에 흙과 먼지가 묻는 것을 몹시 싫어했다. 한번은 지방을 순시하고 와서 자신의 발에 묻은 먼지를 털면서 앞으로 내가 가는 길에는 쇠가죽으로 다 깔아 놓으라고 명했다. 발에 먼지가 묻지 않도록 조치를 취하라는 것이었다. 그 명이 떨어지자 신하들은 머리를 맞대고 대책을 세우기 시작했다.

그러나 아무리 의논을 해 봐도 답이 나오지 않았다. 임금이 언제 어디를 갈지도 모르는데 임금이 가는 길마다 쇠가죽을 깐다는 것은 현실적으로 불가능한 일이었다.

급기야는 임금을 만족시켜줄 수 있는 방법을 찾아내는 사람에게 큰 상금을 주기로 했고 방을 붙였다. 그 때 시골의 한 노인이 그 해답을 가지고 왔다며 왕을 만나게 해달라는 것이었다. 노인은 그 문제를 어떻게 해결했을까?

⊠풀이

그는 임금에게 무릎까지 덮는 쇠가죽 신발을 만들어 신고 다니라고 했다.

⊠정리

지금까지 우리 자신을 바보로 만드는 인식의 벽, 감정의 벽, 집착의 벽, 습관의 벽이 존재함을 알았다. 이러한 벽이 시야를 가리면 자신도 이해할 수 없는 행동을 하는 것이다. 마치 최면에 걸린 것처럼……..

고정관념은 마치 두꺼운 벽처럼 우리 두뇌의 시야를 가려 아무것도 보지 못하게 한다. 또 상황을 제대로 직시하지 못하게 하거나 단순한 아이디어도 생각하지 못하게 하는 암적 요소가 된다. 우리가 이 고정관념을 제거하기 전에는 절대로 벽 너머의 실체는 보이지 않는다. 벽을 제거하지 않은 상태에서 두꺼운 철판 속에 갇혀서 밖에 무엇이 있는가를 알려고 하는 것과 같다.

이는 컴퓨터의 바이러스와도 유사하다. 바이러스에 걸린 컴퓨터는 정상적으로 작동하지 못한다. 아무리 큰 용량을 가졌다 하더라도 바이러스에 걸리면 기능을 제대로 발휘할 수 없는 것이다. 686 펜티엄 컴퓨터가 정상적일 경우에는 놀라운 성능을 발휘하지만 바이러스에 걸리면 286컴퓨터만도 못하게 되어 불편했던 경험들이 있었을 것이다.

고정관념이란 바로 두뇌에 걸린 바이러스와도 같다. 아무리 두뇌가 우수하더라도 바이러스로 인한 최면상태에 있는 두뇌는 정상적으로 작동되지 않는다. 다만 컴퓨터와 인간의 다른 점은 컴퓨터는 치료하기 전에는 거의 쓸모가 없는데 반하여 인간은 제한된 범위 내에서의 사고를 할 수 있고 어느 순간 바이러스로부터 해방되기도 한다는 것이다.

그러나 제한된 사고로 말미암아 돌이킬 수 없는 고통을 당할 수도 있다. 따라서 두뇌 바이러스는 반드시 치료해야 한다. 만일 두뇌 바이러스를 치료하지 않으면 단순한 문제로 인해 개인적·조직적 수난을 당할 수도 있는 것이다. 그리고 개인적으로 보다 창조적인 삶을 영위하기 위해서도 두뇌 바이러스 치료는 필수적인 것이다.

두뇌에 걸린 바이러스를 치료하지 않는다는 것은 바이러스에 걸린 컴퓨터를 치료하지 않고 그대로 사용하고 있는 것이나 다름없다. 두뇌에 많은 정보를 집어넣는 것도 중요하지만 저장된 정보를 어떻게 활용할 것인가를 모색해야 한다.

| 제3부 |

개념을 파괴하라

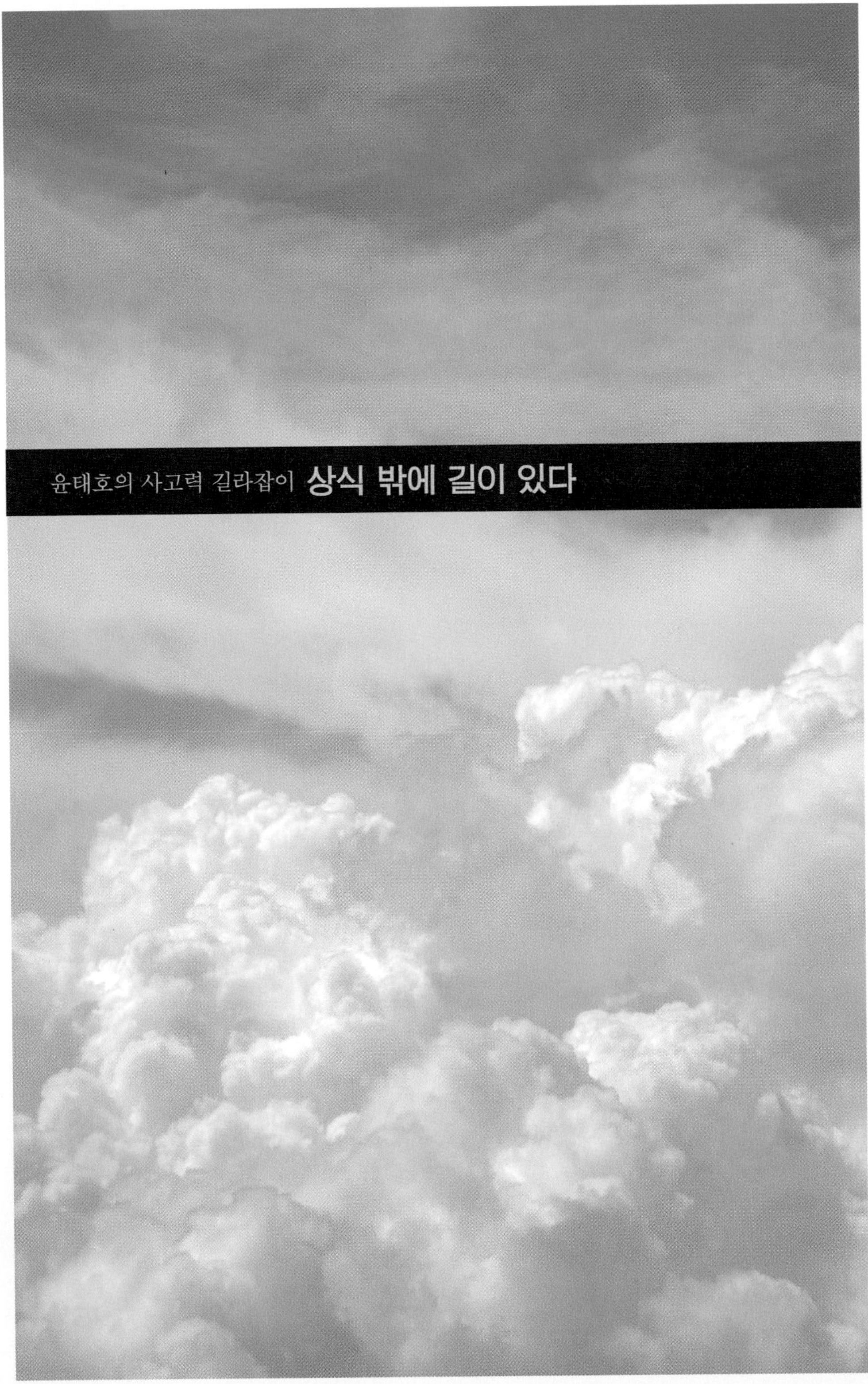
윤태호의 사고력 길라잡이 상식 밖에 길이 있다

필자가 강의할 때 짧은 머리에 양복을 입고 남자 구두에 넥타이를 하고 "제가 남자입니까? 여자입니까?" 하고 물어보는 경우가 있다. 교육생들은 어이없다며 그저 웃는다. "왜 웃습니까?" 하고 웃는 이유를 물으면 척 보면 알 수 있는데 왜 그런 우매한 질문을 하느냐는 것이다.

그래도 대답을 해보라고 하면 당연히 남자라고 한다. 자신 있냐고 물어도 확실하다고 한다. 그러면 "무엇을 근거로 남자라고 생각을 하냐?"고 물으면 "생긴 것을 보고서 알 수 있다"고 한다. "생긴 것이 어때서 남자라고 단정하는 것입니까?" 하고 물으면 "양복을 입어서요" "헤어스타일을 보고요" "음성을 듣고요" "인상이 딱딱해서……"와 같이 나름 남자로 인식하게 된 생각을 말한다.

그때 필자는 다음과 같은 질문을 한다. 그러면 양복 입은 여자는 없는가? 헤어스타일을 짧게 하고 다니는 여성은 없는가? 음성이

굵은 여자는 없는가? 남장한 여성은 없는가?

그에 대한 대답은 반드시 그렇지는 않다고 답을 한다. 그런데 왜 그렇게 단정을 하느냐고 물으면 느낌으로 판단한다는 것이다. 확실하지 않은 것을 확실한 것처럼 생각하는 것은 착각이고 잘못된 것이다.

북한 여자축구선수들

2010년 광저우 아시안게임을 할 때 여자 운동 선수들 중에는 얼핏 보면 남자처럼 보이는 선수들이 적지 않았다. 역도 선수나 축구 선수들에게서 그런 면이 강하다. 만일 그들에게 남장을 해놓고 물어보면 대부분 남자라고 생각하는 사람이 더 많을 것이다.

그러나 그 선수들은 엄연한 여자다. 그렇다면 외모만 가지고 남자다 여자다 하고 단정하는 것은 실질적으로 바른 판단이 아니다.

남녀를 외적인 조건만 가지고 판단할 수 없다. 염색체 또는 생식기를 확인하기 전에는 정확하게 알 수 없다. 그런데 우리는 종종 분명하게 확인해 보지 않고 단정하는 경우가 있고 그로 인해 낭패를 볼 수 있는 것이다.

만일 우연히 알게 된 멋진 남성에게 반해서 짝사랑에 빠져 그와 결혼 할 생각을 가지고 망설이다가 몇 년이 지나 혼기를 놓친 상태에서 알고 보니 남성이 아니고 여장을 한 남성이었음을 알게 된다면 어떻게 하겠는가?

그럴 경우가 만에 하나라도 있을 수 있다. 사회적 통념이나 경험 때문에 갖게 된 선입견은 때로 우리를 아주 바보스럽게 만든다. 예외적인 상황들이 얼마든지 존재한다는 의미이다. 만일 어떤 중대한 사안을 결정하는 데 있어서 문제나 현상, 그리고 원인 등 예외적인 사항을 고려하지 않았는데 마침 그 경우가 예외적인 상황이라면 어떻게 되겠는가?

이번 장에서는 우리가 이제껏 가지고 있었던 고정관념이라는 최면 상태에서 빠져 나오도록 도와줄 것이다. 각각 주어진 상황을 대하면서 고정관념이라는 의미를 염두에 두고 읽어주길 바란다.

원인에 대한 개념 파괴

우리가 일반적으로 말하는 문제라는 것은 겉으로 나타난 결과를 말한다. 그리고 결과에는 반드시 원인이 있다. 자신이 자주 경험한 것에 대하여는 다음에도 그렇겠지 하는 인식을 갖게 된다. 따라서 어떤 결과에 대해서 같은 원인으로 반복적으로 경험하게 되면 그것이 그 문제를 만든 원인의 전부라고 생각하는 경향이 있다.

즉, 사고가 굳어버리는 것이다. 그리고 그 상황을 만나면 바로 그것이 원인일 것이라고 단정하거나 그것에 집착하게 된다. 그렇게 되면 그 문제에 대해 마치 최면에 걸린 것처럼 다른 원인은 좀처럼 생각하지 못하게 된다. 이것을 '원인 바이러스'라고 한다.

원인 바이러스에 걸리면 문제를 대할 때 반사적으로 자신이 인식하고 있는 원인에 대한 대책만을 세우려고 덤빈다. 그것이 맞다면 다행이겠지만 자신이 단정하고 있는 것이 현실적인 원인이 아닌 경우에 어떻게 될까? 현실적인 원인을 확인하지 않고 과거의 경험을 토대로 주관적인 생각만을 가지고 접근할 경우 어이없는 큰 낭패를 볼 수 있다. 결과나 현상이 같아도 항상 같은 원인 때문만은 아니다. 마치 큰 강물이 하나의 냇물에서 비롯된 것이 아니고 크고 작은 많은 시냇물이 모여서 하나의 강이 된 것처럼 말이다.

현상이나 결과에 미치는 원인이 되는 변수는 매우 다양하다는 사실을 간과하면 곤란하다. 우리는 원인에 대한 고정관념을 깨고 다양한 원인을 염두에 두고 문제해결에 접근해야 한다.

::남편1

군자동의 민 여인은 최근 아주 큰 고민에 빠졌다. 다름 아닌 남편이 자신과 잠자리를 함께 하려 들지 않는 것이었다. 이제 나이 서른 일곱 살 한창 왕성한 여자로서는 심각한 문제가 아닐 수 없었다. 간혹 남편과 잠자리를 하긴 했지만 남편은 전혀 힘을 발휘하지 못하는 것이었다. 남편이 나이가 들면서 임포텐스가 되었음을 직감할 수가 있었다. 그녀는 다각적인 방법을 생각하던 끝에 의사인 고교동창 친구를 찾아가 남편의 문제를 상담했다.

의사는 명예퇴직 문제 등 직장에서의 스트레스 때문이라고 진단을 내려 주었다. 처방으로는 어떠한 스트레스나 부담도 주지 말고, 정력에 좋은 음식을 많이 먹이라고 권한 것이다. 그러한 진단을 받은 그녀는 남편을 관리해 주지 못한 자책감을 가지고 마늘이며 미꾸라지 등 정력에 좋다는 음식을 계속 만들어 주었다. 그리고 남편의 정력이나 잠자리에 대하여 일절 언급을 하지도 않고 부담을 주지 않으려고 선제공격은 일절 삼갔다.

그러나 그녀의 노력에도 불구하고 남편의 증세는 호전될 기미를 보이질 않았다. 그녀는 용하다는 한의사를 찾아다니며 정력에 좋은 한약과 음식을 계속 복용시켰다. 또 자존심을 건드리지 않으려고 자신의 노력에 대해서는 일절 내색 하지 않았다. 나중에는 자신이 가지고 있는 패물까지 팔아서 남편의 건강과 정력 증진에 투자를 했다.

그럼에도 불구하고 남편은 자신을 더 멀리할 뿐만 아니라 점차 집에 들어오지 않는 날도 많아졌다. 그녀는 남편 건강이 회복 불능의 큰 이상 신호라는 것을 깨닫고 살신성인의 자세로 남편의 건강 회복을 위해 헌신하기로 마음먹었다. 남편에게 요구하는 것도 일절 절제하기로 했다. 그녀는 남편이 얼마나 고통스러웠으면 집에 들어오지도 못할까 하고 생각하니 남편이 불쌍했고 신혼 때 혹사시킨 것이 미안했다.

그러던 어느 날 이었다. 남편은 식사하다 말고 그녀에게 이유 없이 미안하다는 말을 하는 것이었다. 그녀는 남편의 입장을 이해할 수 있었다. 그녀는 당신만 옆에 있으면 잠자리 정도는 참아 낼 수 있다고 하면서 염려하지 말라며 위안을 했다. 남편은 계속 미안하다는 말만 계속했다. 그녀는 그런 남편이 안쓰러웠다.

남편은 더 이상 말을 하지 못하고 퇴근 후 밖에서 만나자고 하였다. 그녀는 고교동창 친구인 의사와 함께 남편을 만나러 나갔다. 자연스럽게 정신적 치료를 해 보려는 의도였다. 그런데 그녀가 남편을 만나러 간 그 장소에 어떤 젊은 여성이 함께 있었다. '학교 동창생인가?'하고 생각 했다.

그 자리에서 남편의 소개를 받은 그녀는 기절하고 말았다. 그 여자는 다름 아닌 남편의 애인이라는 것이다. 또한 아이도 있다며 이혼을 요구하는 것이었다.

그녀는 결국 이혼을 하게 되었고 나중에 알게 된 일이지만 남편에게 애인이 생긴 시기는 바로 그녀가 남편의 정력 증진을 위해 투자를 한 때 부터였다는 사실도 알았다. 그녀는 자신의 어리석음을 한탄하며 후회했으나 이미 자신이 해결할 수 있는 선을 넘은 후였다.

남편이 자신을 가까이 하지 않는 원인은 오로지 정력이 약하기 때문일 것이라는 고정관념을 끝까지 탈피하지 못했던 것이 그녀의 인생을 망치게 하고 말았다.

::남편2

성수동의 박 여인은 최근 남편의 행동에 뭔가 이상이 있음을 직감했다. 남편이 자신을 가까이 하지 않으려 하고 밤에는 자신을 향해 눈길 한 번 주지 않는 것이었다. 그리고 보니 최근 이발을 자주하고 옷차림도 신경을 쓰는 등 외적으로 전과 달라진 것이 한두 가지가 아니었다.

그녀는 친구인 민 여인의 불행한 경험이 떠올라 왠지 불길한 예감이 엄습했다. 민 여인의 처세 방법을 보고 어리석었다고 생각했던 그녀는 자신만은 절대 어리석은 사람이 되지 않겠다며 결사 항전을 다짐했다. 몹쓸 싹은 처음부터 잘라야 한다는 것이 인생철학이었던 그녀는 사사건건 남편에게 바가지를 긁기 시작했다.

아침부터 찬밥에 반찬은 먹다 남은 반찬을 해주고 옷도 챙겨 주지 않았다. 그러자 남편도 그녀가 눈치 챘음을 알았는지 쩔쩔 매는 모습이었다. 그녀는 토요일은 회사에 전화를 해서 남편이 퇴근한 시간을 알아보고 동선을 챙겼다. 역시 남편은 퇴근 시에 같은 직장 여직원과 함께 다정한 모습으로 퇴근하는 등 문제의 징후가 나타나기 시작했다.

그녀는 분명한 단서를 잡기 위해 주도면밀하게 남편의 거동을 살폈다. 역시 예상대로였다. 어느 때는 회식이 있다면서 늦는 경우가 있었는데 회식 장소를 말해 주지 않는 것을 보면 다른 여자를 만나는 것이 틀림 없었다. 또 야유회 간다면서 다른 길로 빠지는 경우도 부쩍 늘었다.

바람난 것을 눈치 챈 그녀는 남편이 회식을 한다거나 주말에 야유회 등 놀러 간다고 하면 미행을 하기도 했다.

그녀가 미행을 하는 것을 눈치 챈 남편은 자신을 의심 하는 거냐며 화를 냈고 그로 인해 부부싸움도 잦아졌다. 남편이 화내는 것은 자신의 부정을 덮으려는 행동이라고 생각한 그녀는 더욱 화가 치밀었다.

그녀는 남편이 자신을 멀리하는 이유가 무엇인가를 생각한 끝에 자신으로부터 성적 매력을 느끼지 못함이라고 생각하고 남편에게 성적 자극을 주기위한 다양한 방법을 터득하기도 했다. 그리고 애교도 부리고 유혹을 하기도 했다.

그러나 남편은 전혀 반응이 없었다. 아직도 여성으로서의 매력을 갖고 있다고 생각한 그녀는 홧김에 맞불 작전을 시도했다. 남편 몰래 술집이며 카바레 출입도 했다. 그녀는 다른 남자와 외박도 스스럼없이 하게 되었고 결국 회복하지 못할 불륜의 지경까지 가고 말았다. 그래도 직성이 풀리지 않은 그녀는 '남편을 농락한 상대가 어떤 년인지 잡아서 머리채를 잡아버리겠노라'며 남편의 휴대폰 비밀 번호를 알아내서 몰래 확인하는 일도 계속했다.

남편은 얼마나 철저하게 위장을 했는지 흔적을 찾을 수 없었다. 그녀는 급기야 남편의 일기장까지 살피기 시작했다. 남편의 일기장을 보고 그녀는 드디어 단서를 잡았다. 아내와의 잠자리는 죽기보다 싫은 고통이라는 말도 씌어 있었다. 그 글을 읽고 그녀는 피가 끓어올랐다. 처녀 때는 일편단심이니 뭐니 하면서 자신을 농락해 놓고 쓴맛단맛 다 빼먹었고 이제 와서 뭐라고…….

그녀는 이를 갈며 끝까지 읽으면 범인을 찾을 수 있다고 생각하고 계속 읽었다.

그런데 몇 장을 읽다가 그녀는 기절을 하고 말았다. 남편의 일기장에는 자신의 성적性的고민 대한 내용이 씌어 있었다.

남편은 어느 날 TV에서 바람난 여자가 남편을 토막 살인했다는 충격적인 장면을 본 후로 성적인 임포텐스가 시작되었다는 것이다. 그 후 여자를 보면 공포심이 나타났고 또 발기가 되지 않았다는 것이다. 발기불능 문제가 해결되지 않자 남편은 아내에게 너무 미안해 자살을 하려고 생각한 적이 한두 번이 아니었다고 씌어 있었다. 아내가 실망할까봐 말은 못하고 치료하기 위해 아내 몰래 여기저기 다니며 이런 저런 방법을 써서 이제 어느 정도 회복할 단계에 와 있다는 것이었다.

불행하게도 그녀가 그런 사실을 알았을 때는 이미 그녀가 홧김에 다른 남자와의 관계가 회복할 수 없는 상황까지 되고 만 것이다.

남편이 자신을 가까이 하지 않는 '원인'이 오직 바람난 것이라는 원인에 대한 고정관념 때문에 발생한 불행이었다.

::용감한 사나이?

한탄강 유원지에서 있었던 일이다. 한 전자회사의 직원들이 아름다운 자연경관의 극치를 만끽하며 유람선을 타고 있었다. 그런데 한 여성이 아름다운 경관에 심취한 나머지 그만 자신도 모르게 강으로 뛰어내리고 말았다. 그녀는 강물 속으로 들어갔다가 한참 만에 물위로 올라오더니 허우적거리기 시작했다. 그녀는 시퍼렇게 출렁이는 강물위에 빠져들었다 올라왔다가를 반복하면서 배위에 있는 사람들을 향해 살려달라고 호소했다.

그러나 배위의 사람들은 그녀를 살려야 한다고 소리를 지를 뿐 감히 그녀를 구조하려고 나서는 사람은 아무도 없었다. 배에서는 일단 경비정에 신고를 하고 나름대로의 대책을 강구하기에 여념이 없었다.

그런데 그녀가 빠진 뒤 5분여가 지났을까, 어떤 한 젊은이가 용감하게 강으로 뛰어 들었다. 아마도 수영선수 출신인 듯 보였다. 모두들 그의 용감함에 감탄하며 박수갈채와 응원을 보냈다.

사람들은 "으샤! 으샤!" 외쳐대면서 긴장된 마음으로 결과를 지켜보고 있었다. 거의 죽은 것 같았던 그녀는 손에 무엇인가 잡히자 그 사나이의 목을 결사적으로 끌어안았다. 사나이는 그녀를 등에 업고 있는 힘을 다해 물살과 싸워가며 헤엄쳐 나왔다.

그를 목격한 사람들은 환호성을 질렀다. 모두들 용감한 시민상을 주어야 한다며 그 사나이에게 찬사를 보냈다.

마침 취재 중이던 한 방송사에서 달려와 그를 취재하기 시작했다. 그녀를 구출한 즉시 취재를 하려 했지만 그는 숨이 차서 말을 하지 못했다. 잠시 숨을 돌리고 정신을 차린 그에게 취재기자가 생방송으로 소감을 물었다.

"어떻게 그런 용기가 났습니까?"

그러자 그는 눈을 부릅뜨더니, "그년 어디 갔어? 내 돈을 1억 원이나 가지고 달아났단 말이야."

"???.........."

✖진단

토끼가 거북이와 달리기를 했는데 토끼가 졌다. 왜 졌을까?

✖풀이

어디선가 많이 들었던 내용이다. 달리기의 선수인 토끼도 최선을 다하지 않으면 느림보 거북이에게 질 수 있다는 내용..... 토끼가 잠을 잤을 경우도 거북이에게 진 원인이 될 수 있다.

그러나 그것이 전부는 아니다. 그 외에도 무수히 많다. 예를 들면 달리기를 하던 도중 올가미에 걸린 것이 원인일 수도 있다. 그리고 도중에 바위에 부딪혀 뇌진탕으로 졸도 할 수도 있고 천적에게 잡혀 먹힐 수도 있다.

또는 이성을 만나 즐기다가 질수도 있고, 수중에서 시합을 하거나 목표 지점거리을 다르게 정했을 경우도 있다. 그리고 눈도 못 뜬 새끼 토끼였을 수도 있고 양다리가 부러진 토끼와 시합을 했을 경우도 있다. 원인은 매우 다양하다. 자신이 대표적으로 생각하고 있는 하나의 원인이 전부가 아니다.

조건에 대한 개념파괴

모든 문제가 발생된 배경에는 원인이 있지만 그런 상황으로 형성된 조건도 있다. 그런데 우리는 어떤 조건에 대하여 자신이 경험한 것 중 가장 강하게 인식되어 남아 있는 것이 전부라고 생각하는 습성이 있다.

그러나 실상 우리의 두뇌에 각인되어 있는 이미지나 개념만이 전부는 아니다. 그 이면에는 일반적인 경우가 아닌 특수한 경우가 얼마든지 존재한다.

교통사고 발생건수를 날씨별 발생 비율로 나누어 보면 59% 맑은 날 발생된다는 통계가 있다. 일반의 개념과는 달리 악조건 보다 맑은 날에 더 많이 발생하고 있는 것이다. 그리고 사망사고의 90%가 직선도로에서 발생된다는 것이다.

일본 국립암센터의 1대에서 5대 총장이 모두 암으로 사망했고 한국의 삼성의료원 초대 원장 한용철 씨도, 원자력병원 원장 이장규 씨도 암으로 사망했다. 서울대 의대 학장 한만청씨도 암에 걸렸고 수많은 암 전문의들이 암에 걸렸다. 서울대 의대 교수들은 일반인들 보다 암에 걸리는 비율이 3배 이상 높다. 로 문장를 대체합니다. 이와 같이 어떤 문제가 발생되는 조건에는 일반적으로 생각하고 있는 개념과는 전혀 다른 조건이 존재한다.

그리고 하나의 조건에 대해서도 당시의 상황이나 보는 관점에 따라 판단 기준은 얼마든지 달라질 수 있다. 일반적으로는 악조건 임에도 불구하고 다양한 관점을 가지고 본 결과 뜻밖의 성공을 한 예는 얼마든지 있는 것이다.

링컨에 대한 얘기다. 인류 역사상 가장 위대한 리더십을 발휘했던 미국 16대 대통령 링컨은 관용의 리더십, 감성의 리더십을 발휘한 대표적 인물이다. 그가 남북전쟁 때 북군의 미이드 장군에게 총공격 명령을 했다. 당시 그의 명령을 따랐다면 북군은 단번에 승리할 수 있었다. 그러나 미이드 장군은 공격을 하지 않았다. 그 결과 전쟁은 길어지고 더 많은 희생이 따랐다. 화가 머리끝까지 난 링컨이 미이드 장군을 심하게 질책하는 내용의 편지를 썼다. 그러나 그 편지를 보내지는 않았다. 편지는 링컨이 죽고 난 뒤 그의 서랍에서 발견되었다.

링컨은 다른 사람의 잘못을 질책하거나 비난할 일이 있으면 편지를 써놓고 훗날 태워 버렸다고 한다. 또 링컨은 그가 대통령이 되었을 때 그를 평생 괴롭혔던 그의 정적 스탠턴을 국방부 장관에 임명한다. 주변의 반대에 그는 원수는 죽여서 없애는 것이 아니고 마음속에서 없애야지요. 이제 그는 나의 적이 아닙니다. 그러면 나는 적이 없어서 좋고 능력 있는 사람의 도움을 받아서 좋지 않습니까? 하고 말했다고 한다.

그가 어떻게 그런 인물이 될 수 있었을까? 링컨은 원래 그런 관용 있는 인물이 아니었다. 율사로 먹고 살던 링컨은 남을 비난하는 것에 일가견이 있는 사람이었다. 그는 사람을 조롱하거나 혹은 편지나 시를 지어 사람들의 눈에 잘 띄는 길가에 놓아두곤 했다고 한다.

1942년 가을 일리노이주 스프링필드에서 링컨은 퀼즈를 비난하는 신문 투고를 했고 자존심 강한 퀼즈는 화가 나서 링컨에게 결투를 신청했다. 결투의 날 두 사람은 미시시피 강의 모래사장에서 만났다. 다행히도 목숨을 건 결투를 하려는 순간 입회인의 적극적인 중재로 결투는 중지되었다. 링컨은 이 끔찍한 사건에서 사람을 다루는 방법을 알게 되는 소중한 교훈을 얻었다고 한다. 아마도 그 당시 링컨은 그런 상황을 맞게 된 것을 매우 기분상하고 불행한 일이라고 여기며 퀼즈를 원망했을 것이다.

하지만 그 사건을 통해 그는 다른 사람을 비난해서 돌아오는 것은 원한뿐 이라는 사실을 깨닫게 되었고 그 후 절대 남을 비판하거나 흠을 잡지 않겠다고 결심을 했다. 그리고 다른 사람의 장점을 보는 시각을 갖게 되었다고 한다. 만일 그가 퀼즈를 통한 쓰라린 경험을 하지 않았다면 남을 비판하는 일을 계속했을 것이며 그처럼 훌륭한 지도자가 될 수 없었을 것이다.

우리는 살면서 긍정적인 상황 또는 부정적인 상황을 만나기도 한다. 긍정적인 상황이라고 반드시 결과가 좋은 것도 아니고 부정적인 상황이라 해서 반드시 결과가 나쁜 것도 아니다. 부정적인 상황 때문에 오히려 인생 역전의 발판이 된 경우도 허다하다. 우리 앞에 펼쳐진 상황들을 다양한 관점에서 생각하여 유연하게 대처한다면 상황의 반전을 통한 긍정적인 결과를 만들어낼 수 있는 것이다.

::아파트1

80년대 말의 일이다. 회사원 김 씨는 오랜 숙원 끝에 아파트를 분양 받게 되었다. 그는 대박을 꿈꾸며 각광 받는 용인 지역에 답사도 안하고 무조건 청약 신청을 하였다. 무주택 영순위였던 그는 운 좋게도 첫 번째 청약에서 당첨되었다. 드디어 아파트를 갖게 된 김 씨는 너무나도 기뻤다. 계약금을 내고 벅찬 가슴으로 아내와 함께 자신들이 살 아파트의 위치를 한번 둘러보기로 했다.

아파트는 시내와는 아주 동떨어진 산 속으로 깊숙이 들어간 곳에 위치하고 있었다. 간선 도로에서는 1킬로 정도 떨어져 있었으며 외진 곳이라 들어서다 보면 개구리 소리와 벌레 소리가 들리는 적막하기까지 한 곳이었다.

그리고 단지가 작아 상권이 자체적으로는 형성될 수 없고 학교도 없었다. 시내와는 동떨어져서 은행을 가려면 택시를 타야하고 헬스장도 쉽게 갈 수 없는 환경이었다. 그는 아파트 위치를 확인한 후에야 현장 답사를 하지 않고 분양 받은 것을 후회하기 시작했다. 학교가 없으니 아이들을 매일 태워다 주거나 버스로 통학을 시켜야 하는데 도중에 교통사고가 나거나 불량배를 만날 것도 걱정되었다.

또한 날짐승이나 뱀한테 물릴 것도 염려가 되었다. 그리고 세대 수가 적은 단지라 아파트 관리비도 많이 나올 것이고 아파트 시세가 오를 것 같지 않았다.

공항이 멀어서 멀리 출장을 가려면 불편한 점이 이만 저만이 아니었다. 그는 평생에 한번 받는 분양을 잘못 받은 것이 너무 후회스러워 직장에서는 일도 안 되고 분양을 잘못 받았다는 부인의 성화에 스트레스가 이만저만이 아니었다.

결국 아파트에 입주하기도 전에 분양가 보다 낮은 가격에 처분하고 말았다. 주변에서는 무주택 영순위를 그렇게 써먹는 사람이 어디 있느냐며 놀림감이 되었고 아내도 무능하다며 비난을 해댔다. 그는 자신이 분양받은 아파트의 나쁜 조건 때문에 스트레스로 인한 병까지 얻고 말았다.

::아파트2

택시 기사인 윤 씨는 오랜 숙원인 아파트를 분양 받게 되었다. 그는 최근 각광을 받고 있는 용인 지역에 무조건 청약 신청을 하였다. 무주택 0순위였던 그는 운 좋게도 첫 번째 청약에 당첨될 수가 있었다. 드디어 아파트를 갖게 된 그는 너무나도 기뻤다. 그는 계약금을 내고 벅찬 가슴으로 아내와 함께 자신이 분양 받을 아파트를 둘러보기로 했다.

아파트는 시내와는 아주 동떨어진 산 속으로 깊숙이 들어간 곳에 위치하고 있었다. 간선도로에서는 1킬로 정도 떨어져 있었으며 외진 곳이라 들어서다 보면 개구리 소리와 벌레 소리가 들리는 운치 있는 곳이었다. 그리고 단지가 작아서 자체적으로 상권이 형성될 수가 없었고 학교도 없었다. 아파트 위치를 확인한 뒤 그는 그곳에 당첨된 것이 너무나도 행운이라며 기뻐했다. 그는 이러한 조건을 알게 된 후 정말 잘했다는 생각을 하게 되었다. 학교가 없으니 유치원생이나 초등학생들에게 교통수단이 필요할 것이다.

그렇다면 택시 기사였던 그에게는 아주 좋은 기회인 것이다. 아침저녁으로 그의 택시를 이용하는 사람들이 많을 것이고 그러면 돈도 벌고 동네 사람들을 잘 알게 되어 훗날 시 의원으로 출마하는 데도 큰 도움이 될 것이다.

그리고 유치원 교사 자격증을 가지고 있는 아내에게 유치원을 차리게 한다면 아파트 단지의 모든 어린이들이 그녀의 고객이 될 것은 자명한 일이 아닌가!

그리고 외진 곳이니 자녀들이 오가면서 개구리 울음 소리 풀벌레 소리를 들으면서 자연에 대하여 공부할 기회가 될 것이며 자연스럽게 걷기 운동도 하게 될 터이니 과체중인 딸에게는 더없이 좋은 환경인 것이다. 또 공기가 맑아서 기관지염이 있었던 그에게는 자연 휴양지가 될 것이다. 풀벌레 소리와 가을이면 펼쳐진 곡식들과 농사짓는 일들, 거기에 싼 땅을 조금 구입해서 주말 농장을 하면 안성맞춤이다.

시내와는 동떨어져 차량 소음도 없고 아이들 공부하는 데는 조용하여 더없이 좋은 환경이었고 글도 쓰고 있는 그로서는 별도의 장소를 찾을 일이 없어지게 된 것이다. 그야말로 별장이요 전원주택이었다. 또 산으로 둘러싸여 있어 맑은 공기에 매일 아침 등산까지 할 수 있으니 건강에는 금상첨화가 아닌가! 딸이 그림을 잘 그리는데 그림을 그릴 대상이 많아서 좋고 애들은 상상력이 풍부해질 것이 아닌가!

전에 개봉동에 살 때는 비행기 소음 때문에 창문을 열어 놓지도 못했는데 이제는 비행기 소음도 없고 얼마나 좋은가! 사람들은 은행을 갈 때도 그의 택시를 이용할 것이다. 또 기본 상권이 없으니 시골 사는 형님이 농사지은 물건을 가져다 팔기에는 그만인 것이다. 윤 씨는 무심코 분양을 받은 아파트의 위치 때문에 신바람이 나서 표정이 밝아졌고 손님들에게 친절하게 대하여 단골손님도 많아졌고 모든 일이 잘 풀렸다. 그리고 분양 후 1년쯤 되어 아파트 바로 앞에 대형 단지와 쇼핑센터가 들어와 시세가 두 배로 올랐다.

::교통사고

남편이 개인택시 운전을 하는 신혼 새댁이 있었다. 그녀는 늘 남편을 위해 기도했다. 비가 오나 눈이 오나 안개가 끼인 날은 안전 운행을 하게 해 달라고 기도를 했다. 그리고 날씨가 좋은 날은 손님이 많게 해 달라며 간절히 기도를 했다.

그러던 어느 겨울날 대단히 많은 눈이 내렸다. 그녀는 이른 새벽부터 오로지 남편의 안전 운행을 빌며 간절히 기도했다. "하나님, 오늘도 건강을 주셔서 일을 할 수 있게 해 주신 은혜를 감사드립니다. 또 눈을 많이 내려 주셔서 세상을 아름답게 해 주심을 감사드립니다. 하오나 길이 미끄러워 제 남편이 운전하는데 장애가 되고 있사오니 돈은 많이 못 벌어도 부디 안전 운행 할 수 있도록 핸들을 잡아 주소서!"

그녀는 하루 종일 그렇게 기도를 했다. 그런데 하루 종일 기도를 했지만 왠지 마음이 불안했다. 아니나 다를까 경찰서에서 교통사고가 났다고 전화 왔다. 마주 오던 차량과 정면으로 충돌 하는 사고가 났다는 것이다.

그녀는 차마 더 이상 상대방의 전화 내용을 들을 수가 없었다. 빙판길에서 정면충돌 사고가 났으니 남편이 죽었거나 중상을 입었을 것은 불문가지였다.

그녀는 제발 살아 있기만을 빌며 앞을 가리는 눈물을 닦을 겨를도 없이 사고 현장으로 달려갔다. 사고 현장에 도착하자 남편은 역시 중상 이상임을 직감할 수 있었다. 경찰관들만 사고 수습을 하기 위해 서성일 뿐 사고 당사자는 보이질 않았다. 사고 현장에는 승용차 한대와 남편의 차가 서로 마주보고 붙어 있었다.

그런데 차량은 어디 한군데도 상한 데가 없었다. 그녀는 남편이 어느 병원으로 실려 갔느냐고 다그쳐 물었다. 그런데 웬 남자가 뒤에서 "여보" 하고 부르는 것이었다. 그녀는 남편의 목소리가 귀에 들리지 않았다. 그런데 어깨를 치면서 "여보, 여보" 하고 부르는 소리에 쳐다보니 바로 남편이었다. 그녀는 유령인가 싶었다. 그러나 유령이 아니고 진짜 남편이었다.

어떻게 이런 악천후에 사고를 내고도 살아남았는지 자초지종을 물었다. 사고경위를 들어보니 상대편 승용차가 남편의 차 앞부분을 미끄러지면서 살짝 부딪혔다고 했다. 남편은 그 일로 인하여 도리어 하루 일당이 넘는 합의금을 받게 되었다는 것이다. 그녀는 자신이 기도 한 덕분에 눈 오는 날 정면충돌에서도 큰 사고가 나지 않았다며 감사했다. 앞으로는 날씨가 좋지 않은 날은 더 기도를 많이 해야겠다고 다짐했다.

그리고 돌아오면서 남편에게 정면충돌을 하고도 살아 난 경위를 다시 한 번 물었다. 남편은 양측 차량이 속도가 5킬로도 안 되는 속도를 냈기 때문이라는 것이었다. 그녀는 다시 하나님께 감사했다. 그 후로도 눈 오는 날 여러 번에 걸쳐 사고가 났지만 가벼운 사고뿐이었다. 그녀는 그때마다 하나님께 감사드렸다.

그러던 어느 날씨가 아주 화창한 날이었다. 그녀는 오로지 손님이 많게 해 달라고 기도를 드렸다. "하나님, 오늘은 좋은 날씨를 주셔서 감사합니다. 부디 가는 곳 마다 손님이 있게 해주시고 길이 시원하게 뚫려서 손님들을 빨리빨리 모셔서 수입이 많게 해 달라." 는 기도를 한 것이다. 그리고 날씨가 좋으니 늦게까지 일을 해서 돈을 많이 벌게 해 달라고 기도를 했다.

그녀의 기도 때문인지 남편은 그날 밤 늦도록 집으로 돌아오지 않았다. 그녀는 계속 기도를 올렸다. 날씨 좋은날 열심히 일하고 일기가 나쁜 날은 사고 위험도 많으니 집에서 쉬기를 바랐던 것이다. 그런데 밤이 꼬박 새도록 남편은 돌아오지 않았다. 그녀는 계속 기도를 했다. 늦게 들어오는 날은 늘 돈을 두 배 정도로 많이 벌어 왔던 경험도 있었기 때문이다.

그러나 새벽이 다가오자 그녀는 불안한 마음이 들기 시작했다. 혹시 돈이 많이 벌리자 바람피우는 건 아닌지 하는 불길한 예감마저 들었다. 그래서 그녀는 남편이 바람피우지 말고 빨리 돌아오게 해 달라고 기도했다. 날이 밝았을 즈음 전화벨이 울렸다.

그런데 이게 웬일인가! 경찰서라는 것이었다. 그것도 남편이 교통사고를 냈다는 것이었다. 그녀는 이렇게 날씨가 좋은날 사고라니 이해가 되지 않았다. 다행히 정면충돌은 아니고 앞차를 추월하다가 추돌 사고가 발생했다는 것이었다.

그녀는 정면충돌이 아니라는 말에 한숨을 돌렸다. 하긴 이렇게 화창한날 큰 사고야 나겠는가? 그녀는 바람난 것이 아닌 것을 감사했다. 남편이 좀 다쳤을 것이라고 생각을 하고 담담한 심정으로 경찰관이 알려준 성수동의 한 병원으로 갔다.

그러나 병원 어디를 돌아보아도 남편은 없었다. 입원실을 다 돌아 보아도 남편은 없었다. 상황으로 보아 가벼운 사고라서 퇴원하고 집으로 갔을 거라는 생각이 들어 안심되었다. 한편 전화도 안받는 남편이 야속했다. 그녀는 집으로 전화를 걸어 보았다. 그러나 남편은 아직 돌아오지 않았다. 혹시나 하고 다시 경찰서에 전화를 걸어 확인한 그녀는 그 자리에서 기절을 하고 말았다. 남편은 병실에 있는 것이 아니고 영안실에 안치되어 있다는 것이다. 그녀는 날씨가 이렇게 좋은 날에 어떻게 이런 사고가 날 수 있는지 예상 못한 결과에 통곡을 하며 울었다.

사고 난 경위를 알아 본 바 남편은 날씨가 너무 좋고 도로 사정이 좋아서 시속 180킬로로 추월하다가 앞차를 들이받고 도로 분리대마저 파손하고 50미터 벼랑으로 뒹굴었다는 것이었다. 그로인해 피해 보상까지 해야 한다는 것이었다. 그녀는 날씨가 좋은 날은 남편의 안전 운행을 위해 기도하지 않은 것을 후회하며 평생 과부로서의 인생을 살아야 했다.

: :스타여서 불행한 삶

한국이 낳은 세계적인 성악가 조수미를 모르는 사람은 거의 없을 것이다. 그녀는 자타가 공인하는 세계적인 스타다. 그 누구도 그녀가 성악가로서, 아니 인생으로서 성공했다는 사실을 부인하는 사람은 없을 것이다. 세계적인 지휘자 카라얀은 그녀의 타고난 음성을 두고 신이 내린 목소리라고 까지 말했다. 그녀의 목소리는 정말 어떤 악기 못지않게 고음을 낼 수 있고 또 그 만큼 아름답다. 그녀는 많은 사람들로 부터 부러움을 한 몸에 받고 세계를 누빈다.

그녀는 방송 인터뷰를 통해 조명을 많이 받는다. 어느 날 리포터가 그녀의 생활상을 취재해서 방영을 했다. 인터뷰에서 그녀는 무엇보다 바쁘다는 것을 강조했다. 정말 그녀처럼 바쁜 사람은 보기 힘들 것 같다. 전 세계 9개국에 그녀의 스케줄을 관리하는 매니저가 있다는 것이다.

여기저기서 그녀를 불렀다. 2년 치 이상의 스케줄이 꽉 잡혀 있다고 말한다. 하루에도 몇 군데씩 갈 경우가 있고 비행기로 몇 천 킬로를 날아갔다 와야 하는 경우도 있다고 한다. 식사를 거르거나 인스턴트식으로 때우는 경우가 많고 시간이 없어 연애도 못할 뿐 아니라 잠도 제대로 못 자고 개인적인 시간을 전혀 갖지 못해서 가족들을 만나기도 어렵다고 한다. 동에 번쩍 서에 번쩍 하느라 시차 적응에도 많은 애로를 겪는다고 말했다. 몸치장도 할 겨를이 없다고 말했다.

공인으로서 마음대로 할 수 있는 일이라곤 생각하는 일 뿐이고 고국이 그리워도 자신을 원하는 곳으로 다니다 보니 일 년에 몇 번 밖에 올 수 없다는 것이다. 너무 너무 피곤해서 견딜 수가 없고 자신이 무엇을 위해 사는지를 알 수 없다고 한다. 그녀는 자신이야말로 이 세상에서 가장 불행한 사람이라고 말했다.
정말 그녀처럼 불행한 인생을 사는 사람은 드물 것이라는 생각이

든다. 세계 최고의 스타라는 화려한 조건이 한 인간을 행복하게 해주는 것만은 아니었다.

::잘린 것이 행운

Y회사에 근무하던 김씨는 45세에 명예퇴직을 하게 되었다. 물론 원치 않는 퇴직이었다. 경쟁자였던 한 부장과의 경쟁에서 밀린 것이다. 진급과정에서 한 부장의 무고로 말미암아 억울하게 명예퇴직을 하게 된 것이다. 그 후 무능하다는 이유로 그를 무시하던 부인과의 싸움도 잦았다.

그는 너무 억울했다. 간혹 협력업체 직원과 저녁식사 한 것을 비리가 있는 것으로 윗선에 고발했던 한 부장이 죽이고 싶을 정도로 미웠다. 이런 상황이 올 줄은 꿈에도 몰랐던 그는 20년간을 자기의 일처럼 야근이며 밤샘작업까지 한 것이 억울했다.

그는 직장생활 20년에 건강도 많이 나빠졌다. 병원에 가서 진단을 받아보니 폐암3기라는 것이었다. 야근과 고객접대, 그리고 스트레스가 겹친 탓에 병을 얻은 것이다. 의사는 당장 입원치료를 받으라고 하는데 그럴 형편도 아니고 치료를 받아도 회복될 가능성이 별로 없다는 말을 듣고 치료를 포기하기로 했다. 그는 가족들에겐 도저히 말을 할 수 없었다.

그는 퇴직금으로 받은 7천만 원을 쓸 수가 없어서 자신이 죽을 경우 가족들을 위한 보험금이라 생각하고 고향 시골마을에 자식 명의로 1,000여 평의 땅을 사두었다. 실직으로 집에서 노는 것을 아이들에게 보여주고 싶지 않았던 그는 배낭을 메고 산으로 올라가 산속에서 하루하루 보내며 남은 삶을 정리하려고 했다.

그러던 어느 날 산에서 만난 사람을 통해서 약초등산 동호회에 가입을 하게 되었다. 몸이 약했던 그로서는 그나마 산에 오를 힘이 있을 때 약초나 캐서 먹자는 생각으로 가까운 산에 갈 때는 열심히 따라 다녔다. 조금씩 곁눈질로 배워서 약초도 제법 캘 수 있었다. 간혹 산삼을 캐는 경우도 있었다.

동호인들과 산행을 하면서 미움과 원망과 스트레스를 받는 일이 얼마나 몸에 해로운가도 알았다. 과거 직장생활을 하면서 받았던 스트레스, 술, 야근 등이 얼마나 건강에 해로운가도 알았다. 자연과 더불어 살면서 그는 마음을 다스리는 방법도 배웠다. 자신을 내쫓은 회사에 대한 원망도 지웠고 무고하게 자신을 밀어낸 한 부장에 대한 미움도 지울 수 있었다. 또 인간이 태어나 그렇게 아등바등하며 살 필요가 없다는 사실도 깨달았다.

그는 몸도 마음도 편했다. 다만 대신 고생하는 부인에게 미안했고 아이들에게도 면목이 없었다. 특히 아르바이트를 하면서 대학에 다니게 된 큰 아들에게 미안했다. 사회성이 부족하다고 핀잔을 주던 아들이다.

그렇게 등산에 대해 어느 정도 자심감이 붙은 그는 점점 높은 산에도 적극 따라다녔고 약초 수입으로 용돈을 벌수도 있었다. 그렇게 1년 정도 열심히 산을 다녔는데 몸이 점점 가벼워지는 것을 느꼈다. 혹 죽기 전에 온다는 '마지막 불꽃은 아닌지?' 하는 생각이 들기도 했다.

"몇 달밖에 살 수 없다"고 말하는 의사의 말이 듣기 싫어 병원에는 가지 않기로 했던 그는 상태나 한번 확인해 보자며 병원에 가서 검진을 받아보았다.

그런데 담당의사가 깜짝 놀라는 것이었다. 그의 폐병이 절반으로 줄어든 것이다. 과로하지 않고 산속에서 맑은 공기를 마시며 생활한 결과임을 직감으로 알 수 있었다. 건강이 많이 좋아진 그는 뭐라도 할 수 있다는 자신감이 생겼다.

그는 더욱 열심히 약초동호회를 따라 다니며 등산을 계속했다. 제법 약초꾼이라는 말을 들을 정도였다. 수입도 제법 짭짤했다. 그런지 일 년 반 만에 병세를 확인해 보니 그의 병은 거의 다 나았다는 것이다. 게다가 시골에 사 놓은 땅 시세도 갑자기 개발 붐으로 세 배나 올랐다. 계산을 해보니 그 회사에 다닌 것보다 전체적인 수입이 두 배나 많아진 것이다.

그가 좋아진 것은 건강과 돈만이 아니었다. 남편 실직이후 직장 생활을 한 부인은 남편의 과거 직장생활의 어려움을 이해하게 되었고 부부관계도 더욱 좋아졌다. 또 부인은 지병을 말도 못하고 혼자 고민했을 남편을 생각하며 남편을 불쌍하게 여기게 되었다. 자신 때문에 아르바이트를 하게 된 아들은 성격이 바뀌어 사회성도 좋아졌다.

그가 만일 그 회사에 계속 다녔다면 폐병으로 죽고 말았을 것이다. 그는 계속하여 약초꾼으로 살면서 3년 후에 다시 병원에 가서 검진을 받았다. 의사는 완치가 됐다며 그 비법을 묻기까지 했다고 한다.

그는 과로, 음주, 스트레스로부터 벗어나서 산속에서 맑은 공기를 마시고 약초를 먹고 병이 치유된 것이다. 생각해 보니 자신을 몰아낸 회사가 정말 고마웠다. 진정으로 고마움을 느낀 그는 회사로 한 부장을 찾아갔다. 한부장이 자신을 모함한 덕분에 자신이 살아있는 것이었다. 아직 그 원망이 마음 한구석에 남아있는 것은 사실이지만 그는 한 부장에게 진정으로 감사를 하려고 찾아간 것이었다.

한부장을 찾아간 그는 깜짝 놀랐다. 한 부장은 과로로 쓰러져 병원에 입원해 있었고 간경화로 인해 혼수상태라는 사실을 알게 되었다. 김 씨를 몰아내고 혼자 두 사람 몫의 일을 하면서 몸이 망가진 것이었다. 그는 한 부장이 자기 대신 죽게 되었다는 생각이 들었다. 그는 자신을 몰아낸 한 부장이 너무 불쌍했고 한편 자신이 해고된 것은 행운이었다는 사실을 알게 되었다.

::구제역

2010년 말부터 2011년 초까지 축산 농가를 강타했던 구제역으로 수 조원에 이르는 경제적 손실이 있었다. 축산 농가 당사자들의 고충은 말할 수 없이 컸다. 한우 200여 마리를 키우던 충북 보은의 김씨는 전 재산인 한우를 지키기 위해 석 달 가까이 외출도 하지 않고 매일 방역을 하면서 그 누구도 자신의 축사 주변엔 얼씬거리지도 못하게 했다. 그의 노력이 헛되지 않아 자신이 기르던 200여 마리의 소를 구제역으로부터 지킬 수가 있었다.

그는 전국적으로 20%가 넘는 가축이 매몰되어 공급 부족으로 인한 한우 값 상승을 기대하면서 마지막까지 최선을 다해 구제역 방지에 최선을 다했다. 다행히 2011년 2월 구제역이 진정되면서 가축의 이동이 가능해졌다. 그는 이 기회에 목돈을 만져 보자며 100여 마리를 출하하기로 하고 마음의 준비를 했다. 출하를 앞두고 아침밥을 먹고 있는데 방송에서 소 값이 폭락 했다는 뉴스가 나왔다. 자그마치 15%나 폭락했고 그마저도 소비자들이 먹기를 꺼려한다는 것이다. 이유인즉 매몰처리로 공급은 줄었지만 그 이상 수요가 감소한 탓이었다.

그 후 한우 값은 한동안 회복의 기미를 보이지 않았고 돈이 필요했던 그는 헐값에 모두 팔게 되었다. 그와는 반대로 구제역으로 매몰된 농가는 정상 가격에 전액을 보상 받게 되었다는 것이다. 그는 최선을 다해 구제역을 방제한 것이 손실로 올 줄 몰랐다며 후회했다.

::남북경색 덕분

안산 모교회의 담임목사는 신바람이 났다. 백집사가 엄청난 십일조를 직접 가져왔기 때문이다. 백집사가 그렇게 엄청난 십일조를 하게 된 배경은 이렇다. 백집사는 선조로부터 물려받은 비무장지대의 땅 수십만 평을 가지고 있었다. 지뢰밭인 그의 땅은 평생 세금만 낼 판이었다.

그런데 김대중·노무현 정부 때 평화 통일의 가능성으로 지가상 승과 함께 땅 매매가 가능하다고 꿈에 부풀었던 때가 있었다. 이명박 정부가 들어서면서 금강산 여행객 피살과 천안함 사건, 그리고 연평해전을 거치면서 그의 꿈은 요원하게 되었다. 그는 이명박 정부가 너무나도 원망스러웠다. 그는 다음 정권이라도 남북평화 정책을 펴는 정부가 들어서기를 바라고 있었다. 설사 그렇게 된다 해도 지뢰밭인 땅이 팔린다는 것은 요원한 일이었기에 해마다 세금만 날리는 형편에 조상이 원망스럽기까지 했다.

그러던 2011년 2월초 어디선가 전화가 왔는데 땅을 팔라는 것이다. 이유는 금강산 총살, 천안함 격침, 연평도 포격 등 남북 긴장 상태가 심화되면서 북한의 침략을 대비하여 국방부에서 전략상 그 땅이 필요하다는 것이었다. 국방부가 제시한 금액은 그의 상상을 초월한 금액이었고 그는 두말 않고 땅을 팔았다. 그리고 감사해서 엄청난 십일조를 바칠 수 있었다고 한다. 남북경색을 원망했던 그는 오히려 남북경색 덕분에 갑부가 되었고, 남북경색 상황을 남모르게 감사했다.

▨진단
사람이 늙는 것이 좋은 점을 10개 이상 열거하시오.

▨풀이
늙었다는 것은 분명 좋은 조건은 아니다. 그러나 늙었다고 반드시 나쁜 것만도 아니다. 우리가 일반적으로 갖고 있는 늙었기 때문에 나쁘다는 것은 편견일 수도 있다는 것이다. 다시 말하면 늙어서 좋은 점도 있을 수 있다는 것이다.

즉, 조건에 대한 고정관념에서 탈피하면 그 반대의 판단도 가능하다.

예를 들면,

일 안해도 된다.

마음껏 시간 낼 수 있다.

인사를 받는다.

더 이상 고생할 일 없다.

자리를 양보 받는다.

신뢰감을 얻는다.

종말이 와도 미련이 없다.

빨리 천국에 간다.

돈 안 벌어도 먹여준다.

여행도 마음껏 할 수 있다.

실업자란 말을 들을 일 없다

…….

결과에 대한 개념파괴

우리는 어떤 상황이 주어졌을 때 그 상황이 가져다 줄 결과에 대해 자신의 경험이나 신념에 따라 판단하고 행동한다. 이는 자신의 두뇌 속에 각인되어 있는 한 그것이 전부라고 생각하고 자의적 판단에 따라 결과를 그쪽으로만 단정 짓는 습관 때문이다. 인간이 결과에 대한 고정관념을 갖게 된 이유는 그 결과에 대한 반복적인 경험 때문이다. 또 그런 경험을 토대로 단정하는 결과는 대체로 맞다.

그러나 모든 과정이나 원인 및 상황이 하나의 결과로만 나타난다고 보장할 수 없다. 왜냐하면 자신의 두뇌에 새겨져 있는, 또는 상식적으로 생각하는 것 이외의 결과가 나올 경우도 얼마든지 존재할 수 있기 때문이다.

결과에 대한 고정관념을 가지고 접근할 경우 생각했던 것과는 다른 결과에 당황할 수밖에 없다. 이는 야구 경기에서 투수가 강하다고 해서 항상 이긴다는 보장이 없는 것과도 같다. 그날 투수의 컨디션이나 타자들의 타력과 상대팀 선수들의 특성에 따라 다른 결과를 만들 수 있다.

다시 말해 결과는 지나 보아야 알 수 있는 것이다. 만일 승률이 높은 투수가 던진다고 반드시 이길 것이라고 단정 짓고 모든 것을 배팅했다간 커다란 낭패를 볼 수 있다. 또 과정이 좋다고 결과도 반드시 좋다는 보장을 할 수도 없다. 과정은 좋아도 결과가 나쁠 수 있고, 과정이 나빠도 결과는 좋을 수 있다.

어떤 상황에 처했을 때 그 결과가 다양하게 전개될 수 있음을 생각하고 대처해야 한다. 그렇게 할 때 자신이 일시적으로 좋은 상황이 되었다 하더라도 자만하지 않을 수 있고, 반대인 다른 상황에서도 절망하지 않을 수 있다.

그리고 다른 사람의 일시적인 명예나 자랑을 부러워할 필요도 없다. 그 자랑이 내일 어떤 일로 변할지 모른다. 또 오늘의 고난을 슬퍼할 필요도 없다. 그 고난 덕분에 내일 어떤 좋은 결과를 줄 수 있는 과정이 될 수도 있기 때문이다.

성공한 사람들은 대다수가 과거의 아픈 경험이 밑거름이 된 사람들이다. 아우성의 구성애 교수는 자신이 성폭력을 당한 경험이 오늘날 성폭력 문제 전문가가 되게 하였다고 말한다.

::술을 거부한 결과

유신시절 박 대통령의 권세는 날아가는 새도 떨어뜨린다고 할 만큼 대단했다. 그런 그에게 특별한 상황이 벌어졌다. 하루는 박 대통령이 장성들을 청와대로 불러서 모아놓고 회식을 하게 되었다. 술을 좋아하던 박 대통령은 장성들에게 술을 한잔씩 따라 주면서 노고를 위로했다.

장성들은 "각하 영광입니다"를 연발하며 정중하게 잔을 받았다. 황 장군의 차례가 되었다. 박 대통령은 그에게 잔을 받으라며 술을 권했다. 그런데 참으로 믿기지 않는 일이 벌어졌다. 황 장군이 술잔을 거절하는 것이었다.

"각하, 용서하십시오. 저는 술은 하지 않습니다."

그러자 박 대통령은 상기된 모습으로

"어허, 이사람. 한잔 받으라고……."

"각하, 전 대한민국 군인입니다. 저에게 국가를 위해 목숨을 내놓으라면 목숨을 바치겠습니다. 그러나 전 크리스찬으로서 하나님과의 약속이 있습니다. 용서하십시오."

"황 장군, 아무리 그래도 이럴 수가 있소! 자, 받으라니까."

"용서 하십시오 각하." "???....."

그 순간 박 대통령은 얼굴이 붉어지더니 술잔을 내팽개치고 연회석을 뜨고 말았다. 그러자 연회장은 순식간에 초상집 분위기가 되고 말았다. 다른 장군들은 황 장군의 행동을 보고 대단히 어리석고 고지식한 사람이라며 혀를 찼다. 별이 떨어지는 것은 두말할 나위 없는 일이었다. 황장군도 옷 벗을 각오를 하고 집으로 돌아와 별을 떼라는 하명을 기다리고 있었다.

아니나 다를까, 다음날 황 장군에게 청와대로 들어오라는 전갈이 왔다. 정복을 하고 오라는 것이었다. 대통령이 직접 별을 떼어버릴 모양이었다. 황 장군은 마지막으로 별을 단 군복을 입고 청와대로 향했다. 별만 떼이는 것은 감지덕지다. 영창을 가거나 쥐도 새도 모르게 목숨이 사라질 수도 있는 상황이었기 때문이었다. 그는 죽을 수도 있다고 생각하며 대통령 집무실로 안내 받았다.

그는 마지막으로 대통령에게 "충성!"하고 경례를 붙였다. 그러자 박 대통령은 그에게로 다가와 그의 어깨에 달려있는 별을 떼어내는 것이었다. 그리고는 다른 계급장을 달아주는 것이었다.

통수권자의 명을 어긴 죄로 이등병의 계급으로 강등시킨 후 남한산성으로 보내려는 것이 틀림없었다. 그는 술잔을 안 받은 죄로 남한산성으로 향하게 되는 자신의 참담한 처지를 마음 한편으로 삭이며 살아남은 것만도 다행이라고 생각하고 대통령과 마지막 하직 인사를 했다.

집무실을 나오자 고급 승용차가 대기하고 있었다. 그는 후배를 사랑하는 대통령의 마지막 호의임을 알 수 있었다. 가족들이나 한 번 면회를 하고 싶었다. 다행히 호송차는 자신의 집으로 향하고 있었다.

호송차에는 영관이 타고 있었는데 "장군, 돌아가겠습니다. 충성!" 하며 경례를 붙이는 것이었다. 그는 속으로 '이등병에게 무슨 장군이라 하는가!' 하고 흐느꼈다. 그런데 호송차는 빈차로 돌아갔다. 집으로 돌아온 그는 가족들을 붙들고 흐느꼈다. 그의 아내는 각하의 은혜를 잊지 말고 충성을 다하라며 감격의 눈물을 흘렸다.

황장군은 가족들이 너무 기뻐하는 모습을 보고 어안이 벙벙했다. 확인해 보니 그의 어깨에는 이등병 계급장이 아니라 전 보다 별이 하나 더 달려 있었던 것이다.

박 대통령은 황장군의 소신을 높게 평가해서 진급을 시켜준 것이었다. 그 후 더 놀란 사람들은 그 당시 주변에 배석했던 다른 장군들이었다. 말 한마디에 하늘을 나는 새도 떨어뜨린다는 박 대통령의 술잔을 거절한 사실, 그리고 화난 모습을 상상했을 땐 황 장군의 목숨은 파리 목숨이나 다를 바 아니었고 그의 별이 하루 아침에 떨어지는 것은 예상되었으나 결과는 그 반대였다.

::불행한 1등

노무라 증권 한국 지사의 한 간부는 외모와 매너, 그리고 업무 실적이 남달리 뛰어나 사내 인기투표를 한 결과 당당하게 1위로 선발되었다. 그는 단 몇 표차로 1등을 한 것이었다. 난생 처음 인기 1위라는 뜻밖의 사실에 기쁨은 이루 말할 수 없었다. 그는 며칠 전 받은 제안 상금으로 동료들에게 술을 산 것이 도움이 된 것 같았다. 그의 아내도 처음엔 제안 상금을 집에 안 가져 오고 다 썼다고 핀잔을 했지만 그 덕에 인기투표 1위가 된 것은 정말 잘했다고 말했다. 회사에서는 인기투표 1위자에게 격려 차원에서 일주일간의 여정으로 해외 여행을 보내주기로 했다. 그는 10여만 원을 쓰고 100여만 원을 벌었다며 앞으로도 더 많이 베풀며 살기로 마음을 다잡는 계기가 되었다.

포상 휴가는 여름철에 가장 가볼만한 곳으로 알려진 괌으로 일정을 잡았다. 그는 직원들의 부러움 속에 휴가를 떠났다. 그리고 사랑하는 가족을 동반하여 괌으로 가는 KAL801편에 탑승을 했다. 포상금으로 하늘을 비행하는 기분은 정말 하늘을 나는 기분 그 자체였다. 가족들과 함께 그의 꿈이었던 괌의 낭만을 즐길 생각을 하니 조금도 피곤하지 않았다. 자신을 1등으로 뽑아 준 동료와 후배사원들에게 다시 한 번 감사했다. 그는 비행기 내에서도 줄곧 더 열심히 일하라는 채찍으로 알고 최선을 다해 일하겠다고 다짐했다. 이윽고 비행기는 괌 상공에 다다라서 착륙을 한다는 기내 방송이 흘러 나왔다.

이제 몇 분 후면 일주일간의 괌 경치를 만끽한다. 비행기 아래 섬으로 아름답게 어우러진 도시의 풍경은 한 폭의 그림이었다. 그는 아내에게 "여보 밖을 한 번 봐. 너무 아름답다…" 아내는 당신 정말 멋있어. 난 정말 당신 같은 남편을 둬서 정말 행복해"라고 말하면서 부인은 남편을 끌어안고 기뻐했다.

그런데 바로 그때 "꽝! 꽈광!!!!" 비행기가 착륙 직전 기체 결함으로 폭발한 것이다.

그 후 유가족들은 어쩌다가 이렇게 됐느냐며 인기투표 1등만 아니었어도 이런 변은 없었을 것이라며 인기투표 1위로 뽑아준 직원들이 너무나도 야속했다.

::유부녀

판교에 사는 목수였던 오 씨는 여성 편력이 있는 노총각이었다. 그는 기회만 있으면 어디서든 여성들을 따라 붙는다. 하루는 시내에서 기가 막히게 아름다운 여성을 만났다. 그녀는 처녀 같기도 하고 유부녀 같기도 했는데 얼마나 아름다운지 눈이 부실정도였다. 그는 일단 그녀를 잡아야겠다고 생각했다. 만일 유부녀라면 그때 가서 포기해도 되니까…….

그는 무슨 말을 어떻게 할까를 곰곰이 생각하며 10여 미터 뒤에서 그녀를 따라갔다. 그는 몇 백 미터쯤 따라가다가 사람이 없는 한적한 곳에 다다르자 말을 걸기 위해 보다 가까이 접근을 했다. 가까이서 보니 더욱 절색의 미인이었다. 그는 천연덕스럽게 말을 걸었다.

"저, 실례지만 이 동네 사시나요?"

"네."

"어디서 많이 뵌 인상인데, 시간이 괜찮으시면 차나 한 잔 하실 수 있을까요?"

"한 10분정도라면……."

그는 만일 잘 안될 경우를 대비해 많은 말들을 준비했는데 한마디 말에 미인과의 데이트가 이루어지다니 그저 황홀했다. 그는 그녀와 나란히 인근 다방으로 향했다. 그는 자신의 이상형은 어떻고, 자신의 꿈은 어떻고 하면서 평소에는 잘 쓰지도 않는 단어들을 써가며 그녀의 관심을 끌기 위해 안간힘을 썼다.

그녀의 화사하게 웃는 모습은 마치 한 송이 백합 같았다. 그리고 대화가 아주 편했다. 그는 혹시 실례가 될까 염려되어 "결혼을 했느냐?"고는 묻지 않았다. 아니 혹시 결혼했다고 하면 실망이 커질까봐 했든 안했든 상관없이 만나고 싶었기 때문이었다. 그는 그녀와 약속한 10분이 지나자 애프터 신청을 했다. 그러자 그녀는 연락 전화번호를 적어 주고 일어섰다. 그 전화번호를 받고 꿈인지 생시인지 너무 좋았다. 그녀를 만날 교두보는 마련된 것이다.

그는 며칠 후 전화를 걸었다. 혹시 전화번호가 가짜면 어쩌나 하는 조마조마한 마음으로….

그런데 바로 그녀의 목소리였다. 그는 다시 만나고 싶다고 말했다. 그러자 그녀는 오늘은 시간이 안 된다는 것이었다. 그러나 꼭 만나고 싶다면 집으로 오라는 것이었다. 그는 정말 미칠 듯이 기뻤다. '아니 이런 미인의 집으로 초대 받는다……??? 혹시???'

그는 그녀의 집에서 만나자는 말이 도무지 믿어지질 않았다. 확인하는 의미에서 몇 시에 만나야 할지 물었다. 그녀는 저녁 9시가 좋겠다고 말했다.

'아니 그것도 밤에?'

그는 언제라도 좋다고 말하고는 너무 흥분해서 하루 종일 아무 일도 할 수 없었다. 오랜만에 이발도 하고 얼굴 마사지까지 한 뒤 세탁소에서 양복을 찾았다. 그리고 평생 한 번도 해본 일이 없는 손수건을 신사복 주머니에 꽂은 후 그녀의 집으로 향했다.

그녀의 집은 상상 이상으로 으리으리했다. 역시 부잣집 딸이었다. 그는 혹시 그녀의 부모를 만난다면 자신을 어떻게 소개할까 하고 신경이 쓰였다. 목수였던 그는 자신의 직업이 목수라고 하기엔 너무 품위가 맞지 않았다. 그래서 적당히 둘러 대기로 하고 그녀의 대문을 두드렸다. 그녀가 밖으로 나왔다.

　지난 번 보다도 더 맵시 있게 차려입은 그녀는 말 그대로 천사였다. 자신이 양복을 빼입고 오길 잘했다는 생각이 들었다. 그는 현관으로 안내를 받았다. 현관문을 들어서자 그녀의 부친으로 보이는 건장한 남자가 다시 그를 맞아 "어서 오시오" 라며 반겼다. 방 안에는 건장한 청년 세 명과 테이블에 진수성찬이 차려져 있었다. '아마도 이것이 바로 양반가의 형식인가?' 하는 생각이 들었다.

　그는 그녀의 부친으로 보이는 신사에게 자신을 소개했다. 그리고 그녀는 그 노신사가 자신의 남편이라고 소개하는 것이었다. 그는 깜짝 놀랐다. 잘못 들었나 싶었다. 그러자 그녀의 남편이라고 하는 사람이 "반갑습니다. 내가 이 사람의 남편이올시다." 하는 것이었다. 그는 간담이 서늘했다.

　'그럼 오늘 나는 여기서 초상을 치른다? 이 청년들은 나를 처치하기 위한…….' 오씨는 그녀가 결혼을 했는지 묻지 않은 것이 후회스러웠다. 그는 호랑이 굴에 들어가도 정신만 차리면 된다는 격언을 생각하며 태연한 체 하면서 자리에 앉았다. 그녀는 오 씨에게 '뭘 드실까요? 위스키?'하며 주문을 청했다. 그는 말로만 들었지 위스키는 마셔본 일도 없다. 혹시나 싶어 술은 전혀 안한다고 말했다. 그는 자신이 그녀를 염탐했다는 사실을 부인하기 위해 온갖 지혜를 짜내기 시작했다.

그러나 이 상황에서 무슨 말을 하랴. 같은 동네에 사는 지라 오래 전 부터 좀 알고 지냈다고 할까? 아니면 이실직고 하고 용서를 빌까? 양단간의 결단을 해야 했다.

그가 긴장한 것을 눈치 챈 그녀의 남편은 긴장하지 말고 마음 편히 가지라고 하더니, "아내에게 얘기 들어서 알고 있습니다." 하고 말하는 것이었다. 그는 속으로 뜨끔했다. 이젠 이실직고 외에는 달리 길이 없다고 판단했다. 그는 상대가 어떻게 나오느냐에 따라 도망갈 생각까지 하면서 준비를 했다. 그는 자리를 약간 문 쪽으로 옮겼다.

그런데 그녀의 남편은 "정말 고맙소. 젊은이. 나를 이렇게 행복하게 해주다니." 하면서 말을 계속했다.

"사실 내 아내가 이 세상에서 가장 아름답다고 생각하고 결혼을 했는데 결혼 후 아이를 셋씩이나 낳고 권태기가 와서 그런지 아내에 대한 매력을 못 느꼈어요. 옛날에는 따라 다니던 남자도 많았는데…….

오늘 오 씨를 통해 내 아내가 아직 젊고 아름답다는 사실을 깨달았소. 내 아내도 오 씨를 만난 뒤로 얼굴이 아주 밝아졌소. 정말 고맙소. 그 보답으로 식사를 대접하는 것이니 마음 놓고 드시오."

".........???"

어안이벙벙한 그는 한참 만에 정신을 차릴 수 있었다.

자신의 아내를 따라 다니는 남자를 경쟁 상대로만 보지 않고 고맙게 생각하는 사람도 있음을 알고 안도의 한숨을 쉬게 되었다.

::불량률 높은 회사가 좋다

인천의 박 사장은 기업체 한 곳을 인수하려고 한다. 그가 관심을 갖고 있는 기업체는 두 개의 회사인데 경영 상황은 대동소이하다. 그런데 한 회사는 불량률이 30%이고 한 기업은 불량률이 2%이다. 그런데 그는 굳이 불량률이 30%나 되는 회사를 인수하려 한다. 직원들은 도무지 이해가 되지 않았다. 다른 조건은 같은데 굳이 불량률이 높은 기업을 인수하려는 이유를 알 수가 없었다. 물어봐도 그는 대답하지 않고 "불량률이 높은 회사가 좋은 회사야" 라는 말만 하는 것이었다.

박 사장은 왜 불량률이 높은 기업을 인수하려 했을까? 불량률이 높음에도 불구하고 기업이 생존하고 있다는 것은 그 만큼 경쟁이 치열한 업종이 아니라는 것이다. 즉 불량을 절반만 개선해도 매출의 15%가 순이익으로 돌아온다. 얼마나 횡재인가? 반면 불량이 없는 회사는 아무리 잘해 봐야 본전 아닌가?

⊠진단

호랑이와 하이에나가 싸운다면 누가 이길까?

▩풀이

일반적으로 호랑이가 이긴다는 것이 싸움의 결과다. 그러나 하이에나가 이길 수 있는 경우도 있다. 새끼 호랑이와 싸울 경우에는 하이에나가 이긴다. 동물의 왕국에서는 하이에나가 새끼 호랑이를 죽이는 장면을 종종 볼 수 있다. 또 하이에나가 여러 마리일 경우도 호랑이는 피한다. 호랑이가 병이 나서 죽기 직전이라면 역시 하이에나가 이길 수 있다. 그 밖에도 일반의 상식과는 다른 경우는 많다.

상황에 대한 개념파괴

우리가 어떤 상황을 만났을 때 이제껏 경험하면서 가졌던 개념이 그 상황의 모든 것이라고 생각하는 경향이 있다. 그리고 자신이 갖고 있는 개념을 전제로 행동하고 접근하게 된다. 상황에 대하여 한 번 인식된 것은 좀처럼 떨쳐 버리기 쉽지 않기 때문에 그 틀에서 벗어나지 못하게 된다. 그럴 경우 그 상황이 지니고 있는 일면만을 보게 된다. 다시 말해 편협한 사고를 갖게 된다는 것이다.

하나의 상황에 대하여 실상과는 관계없이 자신에게 인식된 것을 전부라고 생각하는 것에서 벗어나지 못하는 것을 '상황 바이러스'라 한다.

자신이 가지고 있는 편협한 사고思考로부터 탈피하지 못하면 그로 인해 어이없는 일을 당할 수 있다. 같은 상황이라도 보는 관점에 따라 다르게 판단할 수 있기 때문이다. 같은 상황이라도 긍정적으로 볼 수도 있고 부정적으로 볼 수 있다. 긍정적으로 보면 좋은 점이 부각되고 부정적으로 보면 나쁜 점이 부각된다. 산을 오를 때 정상을 보며 "아직도 저렇게 많이 남았네." 하고 올라갈 일을 걱정하는 사람이 있는가 하면, 아래를 보며 "벌써 이만큼 올라 왔네." 하고 만족하는 사람이 있다.

이혼이라는 상황이 항상 나쁜 것만은 아니다. 그만한 이유가 있기 때문에 이혼을 하려고 노력을 해온 사람에게는 이혼이라는 상황이 결혼이라는 올가미에서 빠져나와 다행인 사람도 있다. 같은 상황이라 하더라도 관점에 따라 선악과 희비가 갈릴 수 있다. 하나의 상황에서도 양면을 모두 생각할 수 있어야 한다. 그리고 자신에게 유리한 상황으로 접근하는 것이 현명한 일이다.

::똥 싸는 개

여 씨는 거의 매일 부부싸움을 한다. 이유는 아내가 집안 청소를 하지 않기 때문이다. 실제로 여 씨 부인은 일 년에 한 번도 이불 빨래를 하지 않는다. 방 청소도 두 달에 한번 정도나 할까? 특별히 바닥에 물을 쏟거나 사고가 터질 때 한 번씩 하는 정도다. 여 씨는 장모를 닮아 그렇다며 처가를 욕했고 그때마다 부부 싸움이 집안 싸움으로 번지기도 한다.

그런데 최근 아내와 자녀들이 애완견을 키우자고 성화를 부려 심각한 상황이다. 여 씨는 강아지를 좋아는 하지만 평소 집안 청소를 소홀히 하는 문제로 부인과 다툼이 많았던 터였기에 애완견까지 가세하면 집안 꼴이 뭐가 되겠느냐며 절대 안 된다고 반대했다. 참다못한 여 씨는 이혼까지 고려하고 있다. 그러나 그는 결국 아내와 자식들에 밀려 애완견 두 마리를 키우기로 했다. 여 씨는 만일 애완견이 똥오줌을 싸게 되면 이혼하고 말겠다고 작심을 하고 있었다.

결과는 여 씨의 염려대로 개들이 여기저기 똥과 오줌을 싸대는 것이었다. 그러자 애완견을 특히 좋아했던 부인은 즐거운 마음으로 시도 때도 없이 빨래를 해댔다. 일 년에 한 번도 안하던 이불을 거의 매일 빨고 바닥 청소도 하루 몇 번 씩 해야 했다.

집안은 이전과는 비교도 안 될 정도로 깔끔해졌다. 당연히 집안 청소문제로 싸우던 일도 없어졌다. 그렇게 1년이 지나자 여 씨의 비염까지 사라졌다. 개는 싫어했지만 개 덕분에 집안이 깔끔해지고 건강까지 좋아지자 여 씨는 오줌 싸는 강아지가 너무 고마웠다. 강아지가 오줌 싸는 날은 부인이 이불 빨래며 대청소를 하는 날이었다.

여 씨는 오늘도 외친다. 강아지야 오줌 좀 더 많이 싸라. 매일매일 싸라. 이왕이면 방바닥이며 이불에 흩뿌려 싸라.

::화재

안동의 한 농가에서 박씨의 축사에 불이 나서 사육하던 소 200마리 중 여섯 마리 빼고는 모두 불에 타 죽었다. 정확한 원인은 모르지만 그의 추측으로는 옆집 아들이 불장난을 하다가 화재가 난 것임이 틀림없다. 하지만 정확한 물증이 없어 따질 수도 없었다. 게다가 옆집은 하루 세끼도 먹기 힘든 아주 가난한 집이었다. 그는 옆집 아들이 원수 같아서 기회를 보아 버릇을 고치기 위해 호되게 혼내줄 생각이었다.

그는 그날 아침에 소 200마리 모두를 출하하려 했던참이었다, 그런데 전날 친구가 술을 마시자고 하는 바람에 하루 미룬 것이다. 그는 친구가 원망스러웠다. 그의 축사 화재 소식을 듣고는 지인들이 와서 위로를 해주고 어떤 친척은 위로금을 내놓기도 했다. 다행히 그 농가에서는 수억 원의 보험을 들었기 때문에 화재로 인한 피해액은 대부분 보상 받을 수 있었다. 하지만 축사를 새로 짓고 다시 시작해야 한다는 생각에 불을 낸 옆집 아들이 원망스러웠다.

그런데 그 다음날인 2010년 11월 말 안동과 예천 일대의 축산 농가에 비상이 걸렸다. 구제역이 발생한 것이었다. 소를 더 이상 출하할 수 없게 되었고, 구제역이 순식간에 확산되기 때문에 모두 살처분을 해야 하는 상황 이었다. 당국에서 조사 한 결과 그의 소 역시 구제역에 걸렸다며, 사백 마리 모두 살 처분하라는 지침이 내려

왔다. 생각해 보니 옆집 아들이 불을 낸 것이 그에게는 너무나도 다행이었고 친구가 술 먹자고 한 것도 고마운 일이었다. 안 그랬으면 구제역으로 재산을 다 날릴 뻔 했는데 덕분에 충분한 보험금을 받게 된 것 아닌가?

::김상사

군에서는 검열을 받는다는 것이 고역중의 고역이다. 대부분의 군인들은 검열을 피할 수만 있다면 어떤 방법을 동원해서라도 피하고자 한다. 검열이 예정되어 있다가도 취소되면 모두들 좋아 어쩔 줄을 모른다.

그런데 참으로 이상한 군인이 있었다. 그는 김 상사라는 노병이었다. 그는 검열을 받을 때 모든 준비를 총괄하는 책임자였다. 책임자는 누구보다 검열에 대한 부담이 크다.

정례적으로 검열날짜는 다가왔고 김 상사는 검열준비에 정신없이 바빴다. 그런데 갑자기 검열이 취소되었다는 전통이 온것이다. 모두들 검열을 피할 수 있게 된 것에 대해 반색이었다.

그런데 어찌된 일인지 검열이 취소되자 김 상사는 이럴 수는 없는 일이라며 검열 기관에 검열을 해달라고 요청하자고 우기는 것이었다. 그의 이상스런 행동에 주변에서는 맛이 간사람 이라고 수군거렸다. 결국 그의 집요한 요구로 인해 모두가 싫어하는 검열을 받게 되었다. 받지 않아도 될 검열을 받게 된 것이다. 그의 이해할 수 없는 행동에 대하여 그 이유를 물었다. 그러자 그는 "검열을 받아야 상을 받지."라고 말했다. 검열 결과가 좋으면 상을 받을 수 있고 인사고과를 잘 받아 준위로 진급이 가능하기 때문이라는 것이었다.

::파혼

대전에 사는 박 양은 친구 소개로 잘 나가는 중견 기업의 구 씨를 만나 몇 개월간 사귀어 오다가 그의 훤칠한 외모와 남성다움에 끌려 구 씨와 결혼을 하기로 약속했다. 그런데 약혼 후 결혼을 일주일 앞두고 문제가 생겼다. 상대가 박 양의 집에 와서 술을 먹고 행패를 부린 것이다. 술에 취하자 그는 위 아래도 모르는 안하무인이었다. 박 양의 아버지에게도 너니 내니 하면서 상스런 욕설도 서슴치 않았고 온갖 추태를 부렸다.

그것을 본 박 양의 집에서는 결사적으로 파혼을 하자고 나섰다. 박 양은 구 씨를 너무 사랑했기 때문에 목숨걸고 결혼을 하려고 했다. 그러나 가족들의 반대로 끝내 결혼은 성사되지 못했고 방황을 하게 되었다.

박 양은 사랑의 아픔을 이해 못하는 가족들이 야속하기만 했다.

결혼 직전에 그를 자기 집에 데리고 왔던 일과 술자리를 만든 것도 후회스러웠다. 그런 일만 없었어도 결혼을 할 수 있었을 텐데......

그녀가 마음의 평정을 되찾는 데는 1년 여의 시간이 필요했다. 평정을 되찾은 박 양은 그 후 남자를 사귈 때 다각적으로 생각하고 조심을 하게 되었다. 외모가 마음에 들더라도 외모만 보고 성급히 정혼을 하지 않고 철저하게 확인하고 또 확인했다.

결국 그녀는 술도 안 먹고 성실한 제약사의 연구소에 근무하는 사람과 결혼하여 행복하게 살게 되었다. 그래도 한편 전에 헤어진 구 씨가 그립기도 했다. 그런데 몇 년 후 그녀는 지인을 통해서 구 씨에 대한 소식을 듣고 아차 싶었다. 구 씨는 회사원이 아닌 조폭 두목이었고 전과 5범에 또 다시 사기죄로 복역 중이라는 것이다.

그러한 사실을 처음으로 알게 된 그녀는 구 씨가 자신의 집에 와서 행패를 부렸던 일이었다. 참으로 다행이었다는 생각을 하게 되었다. 만일 그런 일이 없었다면 그녀는 구씨에 대하여 모르고 결혼하여 평생을 후회하며 살았을 것이다. 결국 애인의 행패로 결혼을 못한 상황이 그녀의 불행을 막은 것이다.

::죽음 앞에 노래를 부른 결과

6.25 때의 일이다. 당시 남한의 수많은 지식인, 군인, 종교인등이

인민군에게 무참히 학살되었다. 그런데 어떤 독실한 종교인이 그 학살 대열에 포함되어 죽게 되었다. 인민군들은 총살시킬 사람들을 일렬로 세워 놓고 한 사람씩 차례로 총살을 시켰다.

빵! 빵! 빵! 하고 총성이 울릴 때 마다 한 사람씩 쓰러졌다. 어떤 사람은 총알이 머리에 맞아 피가 하늘로 솟구치기도 했다. 그 광경을 지켜본 처형수들은 두려워서 오줌을 싸는 사람도 부지기수였다. 그런데 그 중 독신할 크리스챤이 있었다. 그는 종교인이었지만 두렵기는 마찬가지였다. 총구는 점점 그의 차례로 다가오고 있었다.

빵! 빵! 빵!

그는 자신의 죽음을 면할 수 없음을 알고 있었다. 그는 어차피 죽는 데 뭘 슬퍼하느냐! 슬퍼한다고 죽음을 면할 수가 있을까? 그는 자신의 죽음을 운명으로 받아들였다. 그는 어차피 죽을 몸, 일찍 죽으나 늦게 죽으나 마찬가지란 생각을 했다. 도리어 일찍 죽어서 좋은 점을 찾아보았다.

어차피 죽을 인생 더 이상 고생하지 않으니 잘됐다는 생각이 들었다. 그리고 신앙을 지키다 순교를 하게 되었으니 하늘나라에 상금이 얼마나 크랴! 이런 기회가 어디 있나? 아주 기쁜 일이라는 생각이 들자 두려움도 사라졌다.

그는 "하늘가는 밝은 길이 내 앞에 있으니......."큰 소리로 찬송을 불렀다. 다른 사형수들은 죽음 앞에 노래하는 그에게 미친 사람이라고 생각을 했을 것이다. 이윽고 그의 총살 차례가 되었다. 그런데 찬송 소리가 크게 울려 퍼지자 총을 쏘던 인민군이 일시 사격을 멈추고 그를 불렀다.

"당신 예수꾼이오?" "그렇소." 그러자 인민군은 "아무리 그래도 찬송을 부르다니, 대단한 용기요. 죽음도 두려워하지 않다니. 나도 진짜고 당신도 진짜군, 당신 같은 사람은 살 가치가 있소, 나도 어려서 예수 믿었소. 우리 어머니도 권사요. 어서 가시오." 하면서 인민군은 총구를 돌렸다. 그는 계속 찬송을 부르며 총살 형장을 빠져 나왔고 지금까지 종교계의 원로로서 목회를 하고 있다.

::운명

괌 KAL기 추락 직후 수원의 김 씨 부인의 집은 초상집이 되고 말았다. 그녀의 남편이 바로 그 비행기의 출발 시간과 같은 시간의 비행기를 탔기 때문이다. 그런데 사망자 명단에 그녀의 남편 이름은 나오지 않았다. 확인해 본 바 남편이 그 비행기를 탔는지 다른 비행기로 옮겼는지 홍 씨였던 그녀의 남편과 홍 씨라는 사람 중 한사람이 탔는데 정확히 파악이 안 된다는 것이었다. 그녀는 제발 자신의 남편이 그 비행기에 타지 않았기를 바라는 마음으로 부처님께 불공을 올리기로 했다.

그녀는 즉시 절에 가서 수백만 원의 봉헌을 하고 불공을 올리기 시작했다. 그래도 답답한 마음에 어머니까지 동원하여 불공을 올렸다. 제발 그 자리에 남편이 아닌 다른 홍 씨가 탔기를 바라는 마음으로……

그녀의 불공이 효력이 있었는지 그녀의 남편은 바로 앞 비행기의 대기석으로 옮겨 탔다는 것이다. 그리고 그녀의 기도대로 다른 홍 씨가 사고를 당한 것을 확인했다. 그녀는 너무나도 감사했다.

한편 남편이 탈 자리에 남편 대신 탔다가 사고를 당한 사람에게 미안하기 그지없었다. 그녀는 남편 대신 사고를 당한 사람이야말로 이 세상에서 가장 운이 없는 사람이라며 그를 위해서도 불공을 드렸다. 그 비행기를 타지 않은 남편이 너무나도 고맙고 감사했다. 그녀는 남편의 소중함을 알게되었고 앞으로는 남편에게 더 잘해야겠다는 마음을 다졌다.

그런데 일주일 후 남편은 귀국 후 행운을 축하한다는 친구들의 축배를 들고 강릉으로 가다가 전봇대를 들이받고 추락 사고로 사망하고 말았다. 그 사고로 그녀는 남편을 잃고 과실로 전봇대 값까지 물고 말았다. 그 후 그녀가 더욱 분통이 터지는 일을 겪었다. 그 남편 대신 비행기에서 추락사한 홍 씨 가족들은 10억여 원의 보험금을 타게 되었다는 기사를 본 것이다. 그녀는 자신의 기도를 후회했다. 어차피 죽을 바에야 차라리 그 비행기를 탔었더라면……

⊠진단

회사에서 명예퇴직 대상이다. 좋은 점을 찾아보자

⊠풀이

일반적으로 명예 퇴직이란 본래 의미와는 달리 정년 퇴직에 반대되는 의미로 명예스럽지 못한 퇴직의 의미가 담겨있기 때문에 명예 퇴직의 대상이 안 되기를 희망한다.

그래서 대다수의 직장인들은 명예 퇴직보다는 정년까지 근무하기를 바란다. 하지만 명예 퇴직이 반드시 불리하기만 할까? 바꾸어 생각해 보면 좋은 점도 적지 않다.

자신이 원했던 일을 할 수가 있다.

명예 퇴직금을 듬뿍 받는다.

정년 퇴직보다 일찍 자립하는 방법을 배울 수 있다.

자기만의 시간을 가질 수 있다.

새로운 직업을 찾을 수 있다.

이제부터는 편하게 살자.

잦은 술자리를 피할 수도 있다.

업무 부담이 없다.

실제로 직장에서 진급이 되지 않아 독립하여 성공한 사람이 적지 않다. 전화위복의 경우 말이다.

『세상만사 동전 같다』

동전은 앞면과 뒷면이 반드시 있다. 한 면만 있을 수 없는 것이다. 그런데 사람들은 자신이 이제껏 경험한 것 중에서 보다 강하게 느낀 한 이미지만 생각하고, 그에 대한 고정관념을 갖게 된 나머지 간혹 어리석은 삶을 살기도 한다. 자신을 비관하여 당장 자살하려고 하는 사람도 물어보면 대통령보다도 행복할 조건이 반드시 있다. 어떤 상황이든 절대적 조건은 없다. 다만 어느 쪽에 가치관을 두고 생각하느냐에 따라 행복할 수도 있고 불행할 수도 있다.

| 제4부 |

사고력에 날개를 달자

윤태호의 사고력 길라잡이 **상식 밖에 길이 있다**

인간은 매 순간 어떤 상황이나 문제에 직면하게 되고 그 때마다 어떻게 할 것인지 의사결정을 해야 한다. 그 결정에 따라 미래가 정해지고 그것은 곧 자신의 삶이 된다. 의사결정을 하는 판단 기준은 자신의 판단력이며 그 판단력은 사고력에 기초한다.

삶에 있어서 사고력은 매우 중요하다. 사고력은 목표달성이나 문제해결을 하기 위한 아이디어를 내는데 결정적 영향을 미친다. 사고력이 뛰어난 사람들은 어떤 문제나 상황에 직면했을 때 문제를 해결할 수 있는 다양한 아이디어를 낼 수 있으므로 문제해결 방안에 대한 선택의 폭이 그만큼 넓어진다.

사고력이 뛰어난 사람들은 문제해결을 하는 데 있어서 다양하고도 독창적인 방법을 수월하게 생각할 수 있다. 따라서 다른 사람이 해결하지 못하고 절절매는 상황에서도 곧바로 돌파구를 찾는다. 따라서 성공 가능성이 높다.

반면 사고력이 경직 되어 있는 사람들은 어떤 상황에 직면했을 때 자신의 두뇌에 각인되어 있는 제한된 범위 내에서만 사고하기 때문에 다양한 사고를 하지 못한다. 따라서 돌파구를 찾지 못해 극단적인 선택을 하기도 한다. 최근 우리 사회에 명망 있는 유명인들이 자살을 하는 것도 자신 앞에 놓여 있는 문제에 대한 돌파구를 찾지 못한 결과로 볼 수 있다.

인간 사회에서 개인이든 조직이든 그 성패를 좌우하는 중요한 요소가 사고력이다. 사고력의 중요성은 아무리 강조해도 지나침이 없다. 앞서 언급한 사고력의 원천인 지적知的정보가 하드웨어라면 사고의 유연성은 소프트웨어라고 할 수 있다. 사고의 유연성은 아이디어의 다양성 및 독창성에도 영향을 준다. 사고의 유연성이 떨어지면 자신의 두뇌 속에 저장되어 있는 정보를 활용하지 못한다. 반면 유연성은 두뇌에 저장된 정보들을 자유자재로 활용할 수 있는 힘이다.

자극과 반응

인간의 두뇌는 순간순간의 자극에 의해 반응하며 그에 집중한다. 사고의 유연성을 제고하는 하나의 방법은 인간의 두뇌에 다양한 자극을 주는 것이다. 즉, 두뇌에 자극을 주면 이제까지 제한된 범위 내에서만 사고하던 틀을 깨뜨리고 다양하고 독창적인 발상을 할수 있게 된다. 다양하고 독창적인 발상을 할수 있게 된다.

필자가 이에 대한 영향을 알아보기 위해 연수원에서 수강생들을 그룹으로 만들어서 인간의 두뇌가 순간의 자극에 어떤 영향을 받고 있는지를 조사해 보았다.

한 예로 범법 행위를 막기 위한 방법을 찾아보라고 하면 하나같이 벌을 주는 방법으로만 해결하려는 것을 볼 수 있었다. 보다 다양하고 좋은 해결 방법이 있는데도 말이다. 죄에는 벌이라는 강한 인식이 우리의 사고력을 마비시킨 결과다.

그리고 술 먹는 남편에 대한 대응 방법을 제시해 보라고 하면 서비스 안하기, 문 안 열어주기, 맛있는 반찬 안 해주기, 시아버지 밥 안 해드리기와 같은, 보복하는 방법을 주로 찾아내는 경향이 매우 짙다. 잘못한 사람에 대해서는 벌이나 손해를 준다는 개념이 우리의 두뇌에 틀을 잡고 있다는 것이다. 그 반대급부의 아이디어도 무수히 많은데 말이다. 이는 고정관념이 사고의 유연성을 떨어뜨려 문제 해결방법을 찾는데 악영향을 미치고 있음을 의미한다. 기존의 고장관념을 깨고 유연한 사고로의 전환이 필요하다는 것이다.

또 폭력이라는 단어에서 연상되는 단어들을 찾아내고 그 단어들로부터 돈 버는 방법을 찾아보라고 했다. 그런데 돈 버는 아이디어 역시 대부분 폭력 행위와 관련되는 아이디어만 나왔다. 폭력 행위라는 범위 내에서만 아이디어를 내라고 범위를 제한하지 않았는데도 말이다. 폭력이라는 말을 연상하는 동안 사고는 부지불식간 폭력 행위라는 범위에 제한되는것이다.

반대로 다양한 관점을 제시하고 아이디어를 제시하라 했더니 다양하고 독창적인 아이디어가 많이 나왔다. 경직된 뇌에 다양한 자극을 주면 두뇌는 자극에 요구되는 정보를 끄집어내게 되어 있으며 이러한 훈련을 하는 과정을 통해 사고는 유연해진다는 것이다.

아이디어는 주어진 틀을 벗고 다양하고 많이, 그리고 독창적으로 내는 것이 바람직하다. 그래야만 문제에 유연하게 대처할 수 있는 것이다.

목표를 설정하라

아이디어는 두뇌의 내부 또는 외부로부터 자극된 범위 내에서 그에 연관된 아이디어가 나오는 것이 일반적인 현상이다. 따라서 우리가 아이디어를 낼 때 어떤 목표를 세우면 그 목표는 곧 하나의 자극제가 되어 우리의 뇌에 들어있는 정보 중에서 그 목표달성을 위한 아이디어에 집중하게 된다.

두뇌는 목표를 세우고 나면 설정한 목표의 범위에 대하여 집중력이 발휘된다. 이는 마치 모래를 걸러 낼 때 메시의 통과 입자 크기에 따라 모래의 크기가 다양하게 걸러져서 나오는 것과 유사하다. 목표가 크면 큰 아이디어가, 작으면 작은 아이디어가 나온다. 아이디어에 있어서 목표는 나올 아이디어의 바로미터가 되는 것이다.

어느 은행에서는 고객을 5분 이상 기다리지 않게 하자는 목표를 세웠더니 결국 그 목표를 달성할 수 있는 방법이 나왔다. 그 목표

달성을 위해 5분 이상 고객을 기다리게 하면 고객에게 1,000원을 지급하는 규정까지 만들었다. 결국 은행에서는 손해를 보지 않으려고 5분 이상 넘지 않도록 하는 업무처리 방법이 나오게 되었다.

목표가 분명하지 않으면 혼동된 상태이므로 산만해서 목표를 설정했을 때처럼 그에 부합하는 아이디어가 나오지 않는다. 설사 좋은 아이디어가 나오더라도 목적에 맞지 않는 아이디어가 나올 가능성이 높다.

현실적인 아이디어를 만들기 위해서 목표를 설정하는 것은 매우 중요하다. 직장에서 개선활동을 할 때나 개인적으로 인생을 설계할 때에도 분명한 목표를 세우는 것이 바람직하다.

::대학공부

어느 시골에 공부를 잘하고 성실한 고등학교 졸업반 학생이 있었다. 그는 어렵사리 서울의 유수한 대학에 합격했다. 그는 가난한 농부의 아들로 태어나 진학할 형편이 안 되었다. 형편을 잘 아는 그는 부모님께 선뜻 진학하겠다는 말을 할 수 없었다. 그러나 포기할 수도 없는 일이었다. 고심 끝에 부모님을 설득시키는 방법을 찾아보았다. 그는 돈을 절약해서 대학에 다닐 수 있는 방법을 생각한 것이다.

그가 생각해 낸 것은 술과 담배를 안 하고, 친구도 안 만나고, 영화도 안보고, 책은 빌려보고, 미팅도 안하고, 식사는 라면으로 때우고, 길에 지나가는 개를 잡아먹고, 하루 두 끼만 먹고, 한 끼는 얻어먹고, 모임에서는 같이 먹고 뒤로 빠지는 방법을 생각한 것이다. 그는 이런 아이디어를 모아 자신의 아이디어를 부모님께 말씀 드렸다.

그러나 그 계획을 들은 부모님은 돈을 벌어다 가정에 보태야 할 상황에서 절약만으로는 집안 형편이 나아질 수 없다며 거절하셨다.

그는 다른 차원의 아이디어를 내기 시작했다. 즉, 돈을 벌면서 대학갈 수 있는 방법을 생각한 것이다.

- 술 담배 안 하는 대신 술 담배 끊는 특허 개발해서 돈을 벌고,
- 친구 안 만나는 대신 친구를 만나 고스톱 해서 돈 벌고,
- 책을 빌려보는 방법 대신 책 번역해서 돈 벌고,
- 미팅 안하는 대신 미팅 주선해서 남는 돈 챙기고,
- 라면으로 때우는 대신 라면 장사해서 돈 벌고,
- 길가는 개잡아 먹다가 쇠고랑 차는 대신 보신탕 장사해서 돈 벌고,
- 한 끼씩 얻어 먹다가 인심 잃지 말고 각종 모임 주선해서 자투리 남긴다는 아이디어를 제시했다.

그러자 그의 아버지는 대학가서 오히려 돈을 벌어오겠다니 좋다며 그의 진학을 허락하셨다.

::보험설계사1

불광동의 미스 박은 대학졸업 즉시 보험설계사로 취직을 했다. 그녀는 국내에서 최고의 약정고를 올리겠다는 목표를 세웠다. 즉, 판매 왕이라는 목표를 세운 것이다. 그러기 위해서는 고객을 감동시켜야 한다는 것이 최선이라는 사실도 교육을 통해 알게 되었다. 그녀는 밤낮없이 고객을 감동시킬 방법을 찾아보았다. 연구결과 고객들은 무엇보다 물질에 가장 약하다는 사실을 알고 물질적인 제공을 하기로 했다.

보험에 가입할 경우 첫 회는 자신이 대납해 준다는 방침을 세웠다. 그리고 부부의 결혼 기념일에는 2박3일 제주도 여행권을 주었다. 자녀들이 입학할 경우 등록금도 대주고 맞벌이 부부에 대해서는 아이들 놀이방 비용도 대주었다. 그리고 가족들의 생일에는 일일이 케이크를 선물해 주고 사우나 이용권도 월 10장씩 주었다.

그녀가 그런 엄청난 부가서비스를 제공한다는 것이 소문나자 고객들이 몰려오기 시작했다. 그녀는 단 2년 만에 전국 최고의 판매왕이 되었다. 타의 추종을 불허하는 놀라운 실적이었다. 그녀는 연

2억 원이나 되는 막대한 연봉을 받았다. 사장으로부터 포상금으로 1천만 원도 받았다. 삽시간에 그녀는 보험업계의 유명인사가 되었고 여기저기서 강의 요청도 쇄도했다.

주변에서는 모두가 그녀를 부러워했다. 많은 영업 사원들이 그녀에게 비결을 배우기 위해 몰려들었다. 그녀의 남편도 주변으로부터 장가를 잘 갔다며 부러움의 대상이었다.

인기가 올라가자 눈이 높아졌는지 그녀는 판매왕이 된지 한 달여 만에 이혼을 하고 말았다. 그러자 주변에서는 그녀가 돈도 많이 벌고 일약 스타가 되었으니 남편 없이도 살 수 있게 되어 남편을 우습게 알고 이혼한다며 그녀의 인간성을 의심했다.

알고 보니 그녀는 오히려 남편으로 부터 이혼을 당하고 만 것이었다. 그 이유는 그녀가 고객을 유치하기 위해 쓴 비용은 5억이 넘었고 그 비용을 충당키 위해 그녀는 가산을 모두 날린 것이다. 그녀는 판매왕이 되었으나 가산도 탕진하고 남편도 잃고 말았다. 방법은 대단했으나 궁극적인 목표가 돈을 벌기보다 쓰는 방법이었던 결과였다.

::보험설계사2

갈현동의 미스 신은 대학졸업 즉시 보험설계사로 취직을 했다. 그녀는 국내에서 최고의 약정고를 올리겠다고 목표를 세웠다. 즉, 판매왕이 되어 보겠다고 목표를 세운 것이다. 그러기 위해서는 고객을 감동 시켜야 한다는 것이 핵심이었다. 그녀는 고객을 감동시키되 돈이 전혀 안 드는 방법을 찾아보았다. 돈을 벌려고 하는 짓인데 돈 들여서 한다면 결국 돈을 벌겠다는 목표를 달성할 수 없기 때문이었다.

돈을 전혀 들이지 않고 보험 영업을 하기로 한 그녀가 처음 만난 대상은 나이가 30세인 노총각이었다. 그녀는 일단 그에게 데이트 신청을 했다. 데이트를 하면서 그 노총각을 달콤한 말로 유혹했다. 그리고 적당한 스킨십도 허락했다. 그러자 고객은 두말없이 보험을 들었다. 그뿐 아니라 상대는 이미 들어놓은 다른 보험까지 해약하고 보험을 추가로 들었다. 첫 작품은 대성공이었고 그녀는 자신감을 얻었다.

그녀가 두 번째로 만난 상대는 노처녀였다. 그녀는 상대가 결혼을 원한다는 사실을 알았다. 그녀는 노처녀에게 남자를 소개해 준다고 약속을 했다. 성사가 될 때까지 해주기로 약속을 했다. 사실상 그녀에게 그것은 조금도 어려운 일이 아니었다. 그녀의 고객 가운데는 자신에게 보험을 든 노총각들이 있었고 그 노총각들을 소개시켜 준다면 양쪽 다 만족시키는 결과가 되는 것이기 때문이다. 선보일 재원을 자동으로 끊임없이 충당할 수 있었다.

그러한 그녀의 영업 방식이 소문나자 노처녀들이 남자를 만나기 위해 몰려들었고 대부분의 노처녀들은 결혼을 할 수 있다는 기대에 보험을 척척 들었다. 돈을 한 푼도 안들이고 고객은 날로 늘어나기 시작했다. 그녀는 판매왕을 향해 계속 정진했다.

그녀가 세 번째 만난 형태의 고객은 중년 여성이었다. 그 여성은 평범한 주부로 우아한 여성이었다. 그녀는 중년 여성에게서 매력을 찾아보았다. 그 여성은 다른 곳은 평범했으나 그 가운데 코가 특별히 아름답다는 사실을 발견했다. 그녀는 그 중년 여성을 보고 감탄사를 연발했다. "사모님, 만일 클레오파트라가 사모님의 코를 가졌더라면 훨씬 더 미인이 되었을 것입니다. 코가 정말 아름다우십니다." 라고...

그러면서 자신이 보험을 하면서 알게 된 방송국의 PD를 한번 만나보면 어떻겠느냐고 권했다. 코를 대상으로 하는 모델이 되었으면 좋겠다고 진심(?)으로 중년 부인을 추켜세웠다. 그녀는 부인에게 함께 가서 오디션을 받자고 제안까지 했다. 그 중년 여성은 자신이 아름답다는 말에 감동을 받아 결국 보험에 가입 하였다. 돈을 한 푼 안들이고 보험에 가입하게 한 것이다.

그리고 네 번째 만난 고객은 중년 신사였다. 그 신사는 아이가 공부를 못해 고민이 많은 사람이었다. 그녀는 그의 집을 방문하게 되었는데 마침 아이에게 공부를 못한다며 핀잔을 주고 있었다. 그런데 아이는 한 가지 특이한 점이 있었다. 텔레비전을 볼 때면 텔레비전에 집중해서 누가 뭐라고 말을 해도 듣지 못하는 버릇을 가지고 있었다. 아이의 아버지는 멍청하다며 아이를 마구 나무랐다.

그녀는 바로 그때 이 아이는 대단한 아이라며 띄워주었다. 이 아이는 집중력이 강해서 에디슨과 같은 훌륭한 발명가가 될 것이라고 말을 해 준 것이다. 에디슨도 어떤 생각에 잠기면 집중한 나머지 동사무소에서 줄을 섰다가도 줄이 다 지나가도 모를 만큼 다른 것에는 관심을 갖지 못했었다는 말을 덧붙였다.

그러자 그 신사는 그녀의 칭찬에 기분이 좋아져서 자기도 공부는 못했어도 학창시절 창작으로 상을 받았던 경험이 있다며 자화자찬하는 것이었다. 기분이 한결 좋아진 그 중년 신사는 보험을 두개나 가입 하였다.

그 후 그런 방법으로 정진한 그녀는 돈을 한 푼 안들이고도 결국 전국 판매왕에 등극해서 돈도 벌고, 상도 타고, 명예도 함께 얻었다. 그녀는 돈을 안 쓰고 판매 왕이 되려는 목표를 세운 결과 돈 안들이고 판매 왕이 되는 목표를 이루었던 것이다.

: :보험설계사3

그녀는 처음에는 몰라도 자신이 직접 뛰어 다니면서 영업을 하는 것은 무리라는 판단이 들어 다른 사람을 통해 고객을 확보할 방법을 찾아 보기로 했다. 그녀는 아는 사람들에게 다른 고객을 한 사람 소개하면 이익의 절반을 주기로 했다. 그러자 이익의 절반을 받는다는 기대에 개중에는 아는 친척들을 동원하여 소개하는 사람들도 있었다.

그 소문이 퍼지자 고객을 소개하겠다며 그녀를 찾아오는 사람들이 늘었다. 그리고 일 년 동안 고객을 가장 많이 소개한 고객에게는 전임 강사로 초빙하여 판매 방법에 대한 강의를 맡기기로 했다. 그러자 전임 강사가 되려는 꿈을 갖고 경쟁적으로 다른 고객들을 소개하는 고객이 늘어났다.

그녀는 수익금의 범위 내에서 강사료를 지불했다. 그리고 연간 100건 이상을 소개한 고객에게는 평생 연금을 주기로 했다. 물론 100명을 소개하여 얻은 자신의 수입을 챙긴 나머지로 주는 것이니 손해 볼 일은 없었다.

평생연금제라 하자 연간 100건 이상 소개하는 고객들이 수십 명이 넘었다. 결국 그녀는 전국 판매왕이 되었고 상금도 매년 수천만 원씩을 받게 되었다. 그녀는 가만히 앉아 전국 판매왕을 석권할 수 있었다.

::돈 안 들이는 광고

성남에 사는 P씨는 연구소에서 명예 퇴직을 한 뒤 사업을 시작했다. 5년 이상을 연구 노력한 끝에 간질환에 좋은 건강식품 개발에 성공했다. 공장도 설립하여 생산 라인도 가동했다.

그러나 그는 자금 문제로 사업을 더 이상 진척을 시키지 못하게 되었다. 고생 끝에 사업화에 성공하여 양산 체제에 들어갔으나 제품을 알릴 수 있는 홍보 자금이 없었던 것이다. 이것이 제대로 홍보만 되면 폭발적일 텐데 그는 자금을 제품 생산에 모두 투자한 것이다. 그는 더 이상 자금원을 끌어들일 수 없었다. 신문이나 TV에 광고하는 것은 상상조차 할 수 없다. 그는 어떻게 하면 자신의 형편에서 돈을 가장 적게 들이고 제품을 광고할 수 있을 것인가에 고민을 하고 있었다.

그는 돈 안 들이는 방법을 몇 가지 찾아냈다. 먼저 길에 다니면서 자신의 딱한 사정을 호소하며 제품의 효능을 선전하기로 했다. 그의 광고 구호는 "당신의 썩은 간 GG로 보호하자." 였다. 버스며 전철이며 타고 다니면서 "당신의 간이 썩어갑니다. 여기 당신의 간을 살리는 신비의 명약이 나왔습니다. 몸 안의 모든 독소를 배출시키는 GG가 탄생한 것입니다. 하루 한 알, 한 달이면 누워있던 사람이 벌떡 일어납니다. 두 달이면 수영을 할 수 있습니다. 세 달이면 히말라야 등반을 합니다." 하고 외쳤다.

그리고 아는 사람들을 만날 때마다 제품의 효능을 알리고 구매해 달라며 호소했다. 유사한 방법으로 서울역에서도 마이크를 가지고 외쳤다. 동창생들에게도 알렸고 종친회에 알렸다. 그는 계속하여 자신이 알릴 수 있는 방법들을 동원했다.

이제 그가 제품을 알린 사람만도 수천 명이나 되었다. 알릴만한 사람을 확대해 나가다 보니 의외로 많다는 사실에 자신도 놀랐다. 그 결과 제품은 적지 않게 늘었다.

그런데 그 방법은 돈은 별로 안 들지만 직접 알려야 하기 때문에 시간이 많이 소요될 뿐만 아니라 그 확장성에 한계가 있었다. 그리고 사람들이 곧 잊어버려서 효과가 반감된다는 문제가 있었다. 그래서 그는 보다 효과적인 다른 방법을 찾아보기로 했다.

::효과가 지속적인 광고

그는 '보다 지속적이고 효과적인 다른 방법이 없을까?' 하고 생각했다. 효과가 한 차원 더 높은 목표를 정한 것이다. 그러던 어느 날 문득 자기 집에 배달되는 신문에 끼워져서 들어오는 광고를 보고 아이디어를 얻었다. 그런 방법은 광고비도 별로 안들뿐 아니라 광고 내용이 종이로 인쇄되어 있기 때문에 효과가 바로 사라지지 않는다는 장점이 있었다. 그는 신문에 끼워서 광고하는 방법 외에도 돈이 별로 안 드는 벼룩시장 광고를 하기 시작했다. 그것은 효과가 지속적으로 나타나는 방법이었다.

그는 불특정 다수에게 동시에 지속적으로 시간을 초월해서 알리는 방법으로 써 붙이는 방법을 지속적으로 시도했다. 그러던 중 전봇대에 아르바이트 학생이 써 붙인 광고를 보고 또 하나의 힌트를 얻었다. 써 붙이는 방법은 한번 써 붙이면 떼지 않는 한 계속적인 효과를 발휘한다는 장점이 있었던 것이다. 모든 전봇대에 광고지를 붙였다.

그리고 게시판에도, 아파트 관리실에도, 전철 문에도, 공중 화장실에도, 우물가에도, 놀이터에도 약수터에도 써 붙였다. 전국에 널려 있는 교회에도 절에도 낚시터에도 등산로 입구에도 써 붙였다. 역시 어떤 목표를 세우고 나니까 그에 맞는 방법들이 두뇌를 자극해 그런 유형의 방법들이 떠올랐다. 항의를 받는 일도 있었지만 그것 때문에 도리어 사람들의 머릿속에 오래 남는 다는 사실도 그에게는 새로운 발견이었다. 그야말로 시간의 제약이 없는 아주 좋은 방법이었다.

그의 노력은 드디어 효과로 나타나기 시작했다. 특별히 광고를 더 이상 안 해도 전에 붙인 것을 보고 지속적으로 문의가 오는 것이었다.

그러나 그 방법은 사업을 번창시킬 만큼 큰 효과를 주지는 못했다. 대형 광고를 하는 것에는 경쟁이 못되었던 것이다. 그는 '보다 더 좋은 다른 방법은 없을까?' 하고 궁리해 보았다.

::살아 움직이는 광고

하루는 아이가 외제 상표가 있는 옷을 사달라고 졸라대는 것을 보고 문득 기발한 아이디어가 떠올랐다. 아이는 명품 옷을 입고 다니면 어디서든지 명품 옷을 자연스럽게 자랑하게 된다는 것이다. 그는 곧바로 살아 움직이는 물체에 광고 문구를 써 붙인다면 보다 많은 사람들에게 광고 효과를 발휘한다는 사실을 착안했다. 돈 안 들이고 살아 움직이는 광고를 할 수 있을 것이다. 써 붙이되 시간과 공간의 제약도 받지 않는 기발한 방법이었다.

그는 먼저 자신의 차의 좌측에 "당신의 썩은 간 GG로 보호하자"라고 크게 써 붙였다. 그가 차를 몰고 다닐 때 마다 사람들은 GG라는 글자를 보게 된 것이다. 전에는 도로가 정체되거나 서행하면 기름 값 때문에 불평을 했지만, 이제는 그럴수록 광고 효과가 크다는 생각에 밀리고 정체되는 것도 긍정적으로 받아들이게 되었다.

그런데 그 방법을 활용한 뒤 몇 주일 후 그는 자신이 써 붙인 것에 문제가 있음을 발견했다. 보도 블럭은 우측에 있어 사람들이 차의 우측으로 다니다 보니 좌측에 붙인 광고를 잘 보지 못한다는 것이 문제였다. 그래서 광고 문구를 우측으로 옮겨 붙였다. 그러다가 아예 좌우 그리고 후방에도 써 붙였다.

그러자 차에 써 붙인 광고를 보고 문의를 하는 사람들도 적지 않았다. 그는 자신의 모든 겉옷에도 광고를 써 붙였다. 그리고는 그 옷을 입고 전에는 하지도 않던 조깅도 하고, 쓰레기 줍는 일도 했다. 또 교통 봉사도 했고 백화점등 사람들이 많이 모이는 곳에는 그냥 마구 걸어 다녔다.

아내와 아이들 옷에도 광고를 써 붙이고 네 가족이 집을 나서면 그것이 곧 광고였다. 그러자 광고비용을 거의 쓰지 않고도 효과가 나타난 것이다. 그들이 움직이는 것은 그야말로 쉽고 편한 살아 숨 쉬는 광고였다. 그의 광고는 대단한 위력을 발휘하고 있었다. 그 후 주문이 폭주했고 일약 거부가 되었다.

::돈 벌며 광고하기1

그러던 어느 날 그는 TV를 보고 아주 독특한 착상을 해냈다. 어떤 회사원이 퀴즈 게임에 회사 제품을 달고 나왔는데 퀴즈게임에서 1등을 해서 상금 1백만 원을 버는 것을 본 것이다. 그 때 TV가 그를 계속 비쳐주자 그의 가슴에 새겨진 회사 상표가 전국으로 방송을 탄 것이다. 즉, 돈을 벌면서 전국적으로 광고를 하고 있었던 것이었다. 그는 바로 그때 돈 벌면서 광고하는 방법을 찾기 시작했다. 우선 대대적인 매스컴을 탈 수 있어야 한다. 그리고 돈도 벌어야 한다는 것이 목표였다.

그러나 그것은 그리 쉽지 않았다. 돈도 벌고 동시에 홍보도 하고…… 아이디어는 기상천외한데 막상 마땅한 방법이 떠오르지 않았다. 몇 날 며칠을 생각한 끝에 드디어 방법을 찾아냈다. 그는 먼저 건강이라는 좋은 이미지로 매스컴의 주목을 받는 사람을 선정하여 활용하는 방법을 생각해 보았다. '황영조 선수 같은 사람이 한마디만 해 주면 효과는 대단할 텐데……'

그는 유명한 수영 선수를 떠올렸다. 그러나 그 유명한 선수를 모델로 써서 광고한다는 것은 막대한 돈이 들것이고 이름도 없는 제품의 광고 모델이 되어줄 것 같지도 않았다.
유명 스포츠 스타를 이용하되 돈 안들이고 광고하는 방법……. 몇 날 며칠을 고심한 끝에 결국 돈을 벌면서 스포츠 선수를 활용할 광고 방법을 찾아냈다.

스포츠 선수를 아는 방송인을 동원해서 그에게 자신의 제품을 거저 주는 것이다. 그리고 그 방송인에게 부탁하여 방송에서 인터뷰를 할 때 "그는 무엇을 먹었는가?" 라는 질문하게 해서 "GG를 먹었다"고 말하도록 유도하자는 것이다. 그러면 그 광고 효과는 엄청날 것이다.

실행이 좀 어렵긴 하지만 돈도 벌고 대단한 효과가 있는 방법이 아닌가! 큰 효과가 있는 아이디어를 실행하기 위해선 그 정도의 어려움은 감수해야 하지 않겠는가? 그는 양심에 걸렸지만 그런 것은 고정관념일 뿐이다. 검사가 피고인을 겁박하여 성행위를 하고 다단계 사기꾼과 공모하여 돈을 뜯어내고 많은 사람에게 피해를 입히는 것에 비하면 아무것도 아니었다. 그리고 실제로 그 이상 가치가 있는 제품이기 때문에 그것은 필요한 사람들에게는 하나의 정보였다.

그래서 일단 아이디어로서 만들어 보고 상황에 따라 대처하자며 아이디어를 내는 데 있어서 사회적 통념이나 고정관념을 버리기로 했다. 그 후 아이디어를 실시한 그는 삽시간에 매출액이 열다섯 배로 늘었다.

::돈 벌며 광고하기2

그러던 어느 날 그는 삼풍백화점 사고를 보고 기발한 아이디어를 얻었다. 한 사람이 19일 만에 기적적으로 살아나서 화제가 되었던 일이 있었다. 만일 그런 상황에서 그가 살아남은 근거가 자신의 제품 때문이었다고 한다면 그 효과는 엄청날 것이다. 그 당시 실제로 그들이 단지 매스컴을 탔다는 이유만으로도 회사 홍보에 활용하기 위해 그들에게 접근한 기업체가 적지 않았다.

그러나 그런 모델은 찾기도 어렵고 비용이 매우 많이 드는 방법이었다. 그렇다면 돈을 벌면서 하는 방법은 없을까? 그런 방법만 있다면 기상천외한 방법이다. 그는 일단 음식을 먹지 않고 죽지 않는 것으로 기네스북에 오르는 방법을 생각해 보았다. 또 사람들의 관심을 끌어야하는 아이디어가 필요했다. 그러면서 동시에 돈도 벌어야하는 아이디어가 필요했다.

그는 곰곰 생각하다가 기발한 생각을 떠올렸다. 그것은 보험금을 타면서 어디엔가 갇혀 있다가 살아나는 방법이었다. 그는 일단 열려서 방치된 맨홀을 찾았다. 지나가는 척 하다가 맨홀에 빠진 것처럼 하는 것이다. 그는 거기서 만 20일을 채우고 구조를 받는 것이다. 그러면 각 매스컴에서 난리가 날 것이다. 그때 그는 가슴에 GG 선전 마크를 붙인 추리닝을 입고 숨을 몰아쉬는 것이다.

하루 종일 매스컴은 그를 비출 것이다. 그때 그는 20일을 살아남을 수 있었던 원동력을 묻는 기자들에게 가슴에 새긴 GG 덕분이었음을 말한다. 그리고 맨홀을 제대로 관리 못한 국가를 상대로 손해배상금을 타낸다. 손해배상금을 타고 기네스북에도 오르고 매스컴을 타서 자연스럽게 선전을 하는 것이다. 그 외에도 그는 아래와 같은 많은 기발한 방법들을 찾아냈다.

• 자살예정자 10억 보험 든 후 등에 마크 달고 공개 투신.
• 차량과 충돌하고 보험료 받고 자사제품은 건재하다는 사실을 기사화.
• 양로원 차려 세금 면제받고 선행도 알리고 땅값 상승으로 사업 확장.

- 등에 회사마크 붙이고 장사해서 장사로 돈 벌고 선전.
- 등에 회사 마크 붙이고 마라톤 1등해서 상금타고 선전.
- 특허 개발로 광고 효과 및 특허료 받고.
- 회사 옷 입고 TV경품행사 참가하여 1등 상금 받고 홍보.
- 달리기/제기차기/던지기 시합에서 1등만 선발하여 채용하는 이색적인 회사로 소문낸다.

하는 등 많은 아이디어가 쏟아져 나왔다.

▨ 잠깐!!

아이디어의 가치는 도덕성과는 별개이다. 도덕성이라는 것은 환경 시공간적 배경에 따라 기준이 달라지기 때문이다. 일단 문제해결 자체에 어떤 효과가 있느냐로 판단한다.

▨ 쉬어가기

불광동의 김 씨는 대학을 졸업하면서 부모님이 사는 서울에서 직장 생활을 하고 싶었다. 공과대학을 졸업한 그로서는 대부분의 제조업체가 지방에 있기 때문에 쉬운 일은 아니었다. 각고의 노력 끝에 그는 서울에 있는 대기업에 취업을 했다.

그러나 직장에선 이리저리 얽힌 인간관계, 술 문화 등이 자신의 성격과는 너무 맞지 않았다. 고심 끝에 그는 다른 목표를 세웠다. 그것은 다른 사람의 간섭을 받지 않고 할 수 있는 경제 활동이었다. 그 중 하나의 직업은 바로 강사였다. 그는 자신의 일에 최고가 되어야 강사가 될 수 있다는 일념으로 최선을 다했고 결국 자신의 업적을 바탕으로 강사가 되어 전국을 누비며 강의를 하게 되었다.

그런데 어느 날 자영업을 하는 고교 동창들을 만난 뒤 그의 목표를 바꿨다. 자영업을 하는 친구들은 자신이 직접 일을 하지 않아도 돈을 번다는 사실이 너무 부러웠다. 그들은 때론 자신이 직장에 나가서 일을 하지 않아도 직원들이 일을 한 결과 돈을 벌고 있는 것이었다.

그는 자신도 그런 경제 활동을 하고 싶었지만 평생을 강의만 해온 그로서는 사람을 두고 경제 활동을 한다는 일이 쉽지만은 않았다. 혹 자신이 가장 잘 할 수 있는 강점을 살리는 방향으로 그러한 방법을 찾아 보았다. 그것은 다름 아닌 그동안 강의를 하면서 쌓은 노하우를 바탕으로 책을 펴내는 일이었다.

최근에는 전자서적이 인기를 끌면서 인세도 종이책의 5배 이상 많이 받는다는 사실도 알게 되었다. 그는 수많은 책을 펴내서 가만히 앉아서도 돈을 벌고 있으며 그 덕에 많은 사람들에게 알려져 더 많은 강의가 들어와 신나는 인생을 살고 있다.

핵심을 공략하라

인간은 자신이 가치 있게 생각하는 것과 관련이 있으면 민감하게 반응한다. 일례로 고액과외 금지를 위한 방법으로 과외적발 학생에게는 100만원의 벌금을 물린다고 해보자. 어려운 형편의 부모들은 신경 쓰겠지만 돈 많은 사람들은 전혀 개의치 않을 것이다. 반면 수능 점수를 10%씩 감점한다는 아이디어를 내면 아무리 경제적 여유가 있는 집안이라도 놀라운 효과가 있을 것이다.

기업에서 개선제안 활성화를 위한 아이디어를 내도록 하는데 있어서도 조직원들의 특성에 따라 다른 인센티브를 준다. 연령·학력·근속·성별에 따라 관심사가 다르기 때문이다. 상금에 관심이 많은 구성원들이 있는가 하면 명예를 중시하는 구성원이 있고, 인사고과 같이 회사 내에서의 승진 같은 것에 관심이 더 많은 구성원도 있다. 또 사기진작이나 칭찬 같은 것에 더 민감하게 반응하는 구성원들도 있다.

각 구성원들의 특징에 맞게 포상제도 같은 것을 만들 필요가 있다는 얘기다.

소비자들의 구매 심리는 욕구에서 비롯된다. 그리고 구매를 유발시키는 동기 또한 다양하다. 욕구는 필요에 의해 나오며 각자 처해진 상황에 따라 시시각각으로 변하기도 한다. 따라서 고객 만족을 위해 고객이 무엇을 원하는지 찾아내는 일은 매우 중요하다. 무엇을 원하는지 알면 그에 맞게 충족시킬 수 있기 때문이다.

새로운 욕구를 충족시킬 수 있는 제품이나 이미 나와 있는 제품이라도 보다 더 만족할 만한 기능이나 특징을 추가할 수 있다면 새로운 구매 수요를 창출할 수 있을 것이다. 그래서 각 기업에서는 공략해야할 대상 고객의 요구가 무엇인지, 불만이 무엇인지를 집중적으로 파악하는데 심혈을 기울인다. 고객의 요구가 다양한 만큼 고객의 특성별로 요구하는 사항을 만족시킬 수 있는 제품이나 서비스를 제공하기 위함이다.

같은 기능을 가진 제품이라도 어린이는 예쁘고 앙증스럽고 단순한 것을 원할 것이다. 사회적 지위가 있는 사람들은 품위 있고 고상한 것을 원할 것이다. 또 같은 제품이나 서비스를 받고도 만족하는 사람이 있는가 하면 불평하는 사람도 있다. 불만족의 내용도 다양하다. 개인의 취향에 따라 추구하는 욕구가 다르기 때문이다.

따라서 포괄적인 개념에서의 고객만족 보다는 고객의 특성별로 요구를 파악하는 것이 중요하다. 최근에는 화장품도 신체 부위별로 다르게 만들어 히트를 치고 있다. 대상별 요구사항을 집중 공략한 결과이다.

::호랑이 나온다!

밤마다 쉼 없이 우는 아이가 있었다. 어르고 달래 봐도 소용이 없었다. 회초리를 들어보기도 했고 맛있는 곶감을 주기도 했지만 소용이 없었다. 수년을 아이에게 시달린 부모는 차라리 죽는 게 낫다고 생각하기에 이르렀다. 그러던 어느 날 시골에서 올라온 친척 어른이 아이가 우는 것을 보고는 "애야, 밤에 울면 호랑이가 나타난단다." 하고 말했더니 아이가 울음을 뚝 그쳤다. 회초리나 곶감보다 호랑이에 대하여 민감하게 반응하는 아이였기 때문이다.

그런데 그것도 며칠 뿐 호랑이가 나타난다고 하는데도 아이는 다시 울기 시작했다. 그러자 부모는 아이가 울 때면 밖에서 호랑이 울음소리를 들려주었다. 그러자 아이는 즉시 울음을 멈추었다.

::향수

영국 황실에서는 귀족들을 대상으로 파티가 종종 열린다고 한다.

이 때 영국 여성들은 습관적으로 진한 향수를 바르고 황실에 들어오는데 갖가지 향수 냄새로 인해 많은 불쾌감을 준다는 것이다. 특히 식사 중에는 음식 냄새와 범벅이 되어 파티 분위기를 해친다고 한다. 그래서 초청장에는 향수를 바르지 말고 참석할 것을 당부하는 문구를 넣기까지 한다는 것이다.

그러나 초대받은 여성들은 황실의 요청에 대해 전혀 개의치 않고 경쟁이라도 하듯 향수를 바르고 온다고 한다. 황실에서는 향수를 진하게 바르고 오는 여성들에게 주의를 주기도 하고 온갖 방법을 다 동원해 보았지만 문제는 해결되지 않았다.

한번은 황실에서 직원들을 대상으로 그에 대한 아이디어를 공모하기에 이르렀다. 그러자 많은 아이디어가 나왔는데 그 중 아주 기발한 아이디어가 하나 있었다. 그것은 자율적인 방법이었는데 황실 정문에 '술집 호스티스 경험이 있는 여성은 향수를 바르고 와도 좋습니다.' 라고 써 붙였다는 것이다. 그 후 어떻게 되었을까? 그 후로 향수를 바르고 황실에 오는 여성은 없었다고 한다. 영국 여성들이 가장 민감하게 생각하는 핵심을 찌른 아이디어로 간단히 문제를 해결한 것이다.

::스님

많은 등산객들이 오르내리는 절이 있었다. 많은 사람들이 왕래하기 때문에 절에서는 불공을 드리는데 적지 않은 방해가 되었다. 그리고 등산객들은 절간 안의 약수를 마시기 위해 몰려들어서 여간 불편한 일이 아니었다. 게다가 그들 대부분은 시주를 하지 않는 사람들이었다.

그래서 스님은 등산객들에게 최소한의 시설비라도 받아야겠다는 생각을 했다. 스님은 동전함을 설치하여 약수를 떠가는 등산객들에게 자발적으로 동전을 넣어달라고 써 붙였다. 그러자 어떤 사람은 10원을 넣기도 하고 어떤 사람은 100원을 넣는 사람도 있었다. 그러나 넣지 않는 사람이 훨씬 많았다. 매일 들어오는 돈은 불과 2만 원 정도에 불과했다.

스님은 수입도 너무 적었지만 공평하지 못하다는 생각이 들어 누구나 100원씩을 넣어 달라고 써 붙이기로 했다. 그 곳에 와서 약수를 떠먹는 등산객이 하루 3천여 명 정도라는 것을 감안할 때 괜찮은 수입이 될 것으로 생각했다. 매일 30여만 원을 번다면 한 달에 1000여만 원이 되니 적은 돈이 아니었다.

스님은 즉시 팻말에 "약수를 마시기 전에 꼭 100원을 넣어 주세요." 라고 바꾸어 달았다. 그는 기대를 걸고 저녁이면 달려가서 돈통을 열어 보았다. 그러나 모인 돈은 전과 거의 다름없이 2만원 내외였다. 스님은 허탈했다. 그래서 돈 안내는 사람은 양심이 나쁜 사람이라고 써 붙여도 보았다. 그러나 결과는 차이가 없었다.

스님은 고민 끝에 '그 사람들이 가장 민감하게 반응하는 것이 무엇일까?' 하고 곰곰이 생각하던 중 드디어 기발한 착상을 해 냈다. "돈을 안내고 물을 떠가는 사람은 3년간 재수 없도록 불공을 드릴 겁니다." 라고 써 붙인 것이다.

그러자 사람들은 재수가 없다는 말이 거슬려 그 후부터는 예외 없이 돈을 냈고 혹시 잔돈이 없는 경우에는 1,000원 짜리를 넣기도 하고 지난번에 못 넣은 경우는 다음 번에 왔을 때 200원을 넣기도 했다. 사람들이 가장 민감하게 생각하는 것을 자극하여 결국 스님은 그 사업으로 일거에 거부가 될 수 있었다.

: : 냉장고

20여 년 전의 일화다. 국내의 한 대형 가전업체의 직원인 P씨는 여름휴가 때 친척도 만날 겸 페루로 휴가를 떠났다. 그는 직업의식 때문에 페루에서 사용하고 있는 가전제품들을 눈여겨 보았다. 다행히도 페루에서 자사의 가전제품들이 많이 사용되고 있음을 보고 자랑스럽기도 했지만 자사제품보다 일본 제품이 눈에 많이 띄는 것이 마음이 편치 않았다. 그는 며칠간 머물면서 친척의 소개로 어느 부잣집을 몇 번 방문할 일이 있었는데 그 집 주인은 가정부를 세 명이나 두고 살 만큼 부자였다.

그런데 그 부인은 시간적 여유가 많으면서도 좀처럼 외출을 하지 않았다. 그리고 주로 냉장고를 만지며 냉장고 주위를 떠나지 않는 것이었다. 그는 그 이유를 듣고 놀라지 않을 수가 없었다. 이유는 그 부인은 냉장고 속의 음식 때문에 음식을 지키느라 외출을 하지 못한다는 것이었다.

페루에는 일부 상류층만이 냉장고를 가지고 있는데 혹여 '가정부가 냉장고의 음식을 꺼내 먹지는 않을까?' 하는 염려 때문에 냉장고를 가진 주부는 대부분 그렇다는 것이었다. 재미있다는 생각도 했지만 그 점에 힌트를 얻어 회사에 즉시 "자물쇠로 잠그는 냉장고를 개발하라"는 전문을 보냈다.

자물쇠를 부착한 냉장고를 제작하여 시장에 내놓자 페루에서는 그가 개발한 자물쇠 달린 냉장고가 날개 돋친 듯 팔렸다. 자물쇠가 부착된 냉장고를 산 뒤로 페루 귀부인들이 마음 놓고 외출을 했음은 물론이다.

자물쇠를 부착한 냉장고는 한국에서는 우스운 일이라고 비웃음을 당할 것이다. 그러나 페루 귀부인들에게는 딱 맞는 상품이었다.

::부담 없는 화장실

여자들은 화장실에서 볼일을 볼 때 자신의 볼일 보는 소리에 대해 매우 부담스러워 한다고 한다. 그래서 그 소리를 남들에게 안 들리게 하려고 몇 번씩이나 물을 그냥 흘려보낸다는 것이다. 이 경우

여성들 자신 역시 불편하고 물 낭비 또한 대단히 많아진다.

이러한 여성들의 화장실 사용 습관에서 착안하여 스위치만 누르면 "쏴―" 하고 20초간 물소리가 흘러나오게 고안한 제품이 나왔다. 욕실용품 전문업체인 브리앙 산업에서 개발한 상품이다. 또 볼일을 보는 동안 무료하지 않도록 라디오를 설치하여 AM/FM을 들을 수 있도록 고안했다는 것이다. 게다가 향수 분무기를 고안하여 나쁜 냄새가 옷에 배는 것을 방지하는 장치를 개발했다. 그리고 변기 물을 내리면 자동으로 에티켓 벨이 울리며 향수도 자동 분무된다. 이 제품은 특허를 출원하여 해외로 수출을 하고 있다. 바로 여성 사용자들의 화장실 사용시 불편한 문제의 핵심을 공략한 아이디어다.

▨진단

교통사고의 주된 요인은 과속과 같은 준법정신의 결여에 있다고 한다. 대상별로 핵심 공략법에 의한 교통법규 준수를 하도록 하기 위한 방법을 찾아보자.

▨풀이

교통 인구를 개인의 관심사별로 나누어 대상별로 민감하게 생각하는 방향으로 제도를 만들어 보면 어떨까? 즉, 대상을 분류하여 대상별 관심 포인트를 발췌해 내어 그것을 적용하는 것이다.

예를 들어 수험생 자녀를 둔 부모들을 대상으로 한다면 자녀들의 수능시험에 민감할 것이다. 교통법규 위반 건수를 자녀들의 수능시험에 적용시키겠다고 한다면 어떨까? 아마도 자녀를 둔 부모의 입장에선 매우 민감할 것이다.

또 만일 기업체경영자는 세무조사에 민감하다. 따라서 해당 기업체 직원들의 평균 교통 법규 위반 건수를 세무조사 강화 또는 완화에 적용시킨다면 어떨까? 파괴적인 효과가 나타날 것이다.

적어도 교통 인구의 절반 정도가 되는 많은 근로자들이 회사에서의 승진을 위해 교통 법규 위반은 삼갈 것이 아닌가? 사장은 세무조사를 피하거나 줄이기 위해 직원들에게 교통 위반을 하지 않도록 요구할 것이고, 인사고과에도 적용한다면 교통 법규 위반은 파격적으로 줄어들 것이다.

연예인이라면 어떤 것에 관심이 많을까? 그들은 명예에 관심이 많을 것이다. 그들에게 명단을 공개한다고 하면 치명적일 것이다. 그래서 명단에 들지 않기 위해 음주운전과 같은 교통법규를 위반하지 않으려고 노력할 것이다.

또 정치인이라면 선거에 관심이 많을 것이다. 명단 공개나 선거시 교통법규 위반 건수를 약력에 공개 한다거나, 선거 결과에 가감하여 적용시킨다면 그들에게는 효과 만점일 것이다. 물론 이는 현실에 얽매이지 않는 효과를 위한 발상이다.

효과를 강화시켜라

일반적으로 문제해결이나 목표달성을 위한 아이디어를 제시하라고 하면 머릿속에 순간적으로 떠오르는 한두 가지 제시하고는 그것이 전부라고 생각하는 경향이 있다. 다시 말해 그 이상은 없다고 단정하는 것이다.

그러나 문제해결에 도움이 되는 아이디어가 나왔다고 하더라도 그것이 최선이라는 보장은 없다. 아니 최선이 될 경우는 극히 드물다. 보다 좋은 아이디어는 항상 존재한다. 다시 말해 보다 더 개선할 수 있는 여지는 항상 남아 있다. 주어진 현상에 대해서 '아직 문제의 여지가 없는가?' 하고 찾아보면 거기에는 반드시 또 다른 문제가 있는 것이다.

하나의 아이디어를 제시했다고 하더라도 그것으로 만족하지 말고 이미 제시한 아이디어 보다 더 좋은 아이디어를 찾는 노력을 한다면 반드시 새로운 아이디어가 나온다. 따라서 보다 더 효과가 큰 아이디어를 얻을 수 있는 방법을 찾아내려는 시도를 할 필요가 있다.

현재의 방법에 대한 문제의식을 가지고 새로움에 끊임없이 도전하는 자세야 말로 좋은 아이디어를 탄생시킬 수 있는 바탕이 된다. 그리고 새로운 목표를 정하여 목표 달성을 위한 방법을 찾다 보면 결국 목표에 부합되는 방법이 나온다. 인간이 처음엔 자전거를 만들고 다음에는 자동차를 만든 후에 비행기를 만들고 이보다 더 빠른 것을 개발하다 보니 로켓을 만들고 인공위성을 만든 것도 이동을 보다 빨리해 보려는 목표에 의해 나온 결과다.

타자기에서 286컴퓨터, 펜티엄 컴퓨터가 나온 것도 보다 높은 목표를 추구한 결과다. 인간은 앞으로도 각 부문에서 현재보다 더욱 효과가 있는 것들을 목표로 지속적인 개발을 할 것이다.

::황당1

어떤 개그 프로에서 재래식 화장실을 대상으로 황당한 상황을 제시하는 콘테스트가 열렸다. 단, 앞서 제시한 것 보다 더 황당한 아이디어를 내놓아야 하고 가장 황당한 아이디어를 내 놓은 사람이 우승을 하는 것이었다. 우승자에게는 해당 방송에서 개그맨으로 활동할 수 있는 기회가 주어진다.

첫 번째 출연자는 10대의 여대생이었다. 그녀의 가장 황당한 경우는 화장실에서 한참 일을 보고 있는데 삐삐가 왔을 때 가장 황당하다고 말을 했다. 화장실에서 삐삐가 갑자기 울리면 갑자기 힘이 쏙 빠져 나오던 변이 급제동이 되어 볼일을 제대로 못 본다는 것이었다. 좌중은 폭소가 터졌다.

다음에는 20대 초반의 남자 대학생이 나왔다. 그는 일을 보던 중 삐삐가 와서 삐삐를 꺼내 발신전화를 확인하려다가 삐삐를 변기에 빠뜨렸을 때 가장 황당하다고 말을 했다. 더럽다고 안 꺼내자니 삐삐 발신번호가 궁금해서 어쩔 수 없이 꺼내야 할 상황이 되어 난감하다는 것이었다. 이전의 아이디어 보다 더 황당하다는 평을 받아 왕좌에 앉았다.

그 후에는 30대의 중년신사가 나왔다. 그는 빠뜨린 삐삐를 꺼내기 위해 손을 넣어 잡으려고 하는데 또 다시 삐삐가 와서 진동 때문에 삐삐가 계속 들어가 꺼낼 수가 없을 때 가장 황당하다고 말을 했다. 좌중은 이전보다 더 큰 폭소가 터졌다. 이젠 더 이상 황당한 경우가 없을 것이라고 생각하며 30대의 중년 신사가 우승할 것으로 믿어 의심치 않았다.

그런데 잠시 후 30대 여성 출연자가 손을 들었다. 자신은 삐삐가 자꾸 들어가 다리에 힘을 주면서 겨우 끌어 올리려는 순간 나무 발판이 부러져서 한쪽 다리가 변기통에 빠져 삐삐를 밟아 아주 깊이 박히게 되었을 때라고 말을 했다. 정말 대단한 발상이었다. 이젠 다른 출연자들은 포기할 상황이었다. 10분이 지나도 더 이상 아이디어를 제시하는 사람이 없었다. 그러자 30대 여성 출연자는 개그맨이 되었다며 좋아서 어쩔 줄을 몰랐다.

그런데 그 순간 40대 여성 출연자가 손을 들었다. 과연 그보다 더 황당한 경우가 있을 수 있을까 하는 의문을 가지고 모두들 지켜보았다. 그녀는 박힌 삐삐를 나무꼬챙이로 겨우 주워 올리는데 누군가가 문을 안쪽으로 확 열어서 머리가 똥통으로 처박혔을 때라고 아이디어를 제시했다. 그러자 직전에 아이디어를 제시했던 40대 여성은 좋다가 말았다. 이젠 40대 여성이 코미디의 제왕이 되는 순간이었다.

그런데 바로 그 순간 40대 중년 남자가 손을 들었다. 그는 똥통에 빠져 허우적대는데 여자 손님이 들어와 소변을 보러 와서 하는 말이 "이거 웬 똥돼지를 기르는 거야? 여기가 제주도냐?" 하면서 "똥은 없지만 오줌이라도 먹어라" 하고 위에서 앉아 소변을 보고 있을 때였다고 말했다. 좌중은 폭소로 가득했고 더 이상 황당한 아이디어를 내는 사람은 없었다. 결국 마지막으로 아이디어를 제시한 40대의 남자가 우승을 확정짓는 순간이었다.

그런데 한 10대 여성이 자리에서 벌떡 일어났다. 자신은 그보다 더 황당한 일을 겪었다는 것이다. 똥 돼지 인줄 알고 오줌을 싸는데 진짜 똥 돼지가 오줌을 받아먹으려고 자신의 엉덩이를 핥더라는 것이었다.

::황당2

제2회 코미디 콘테스트가 열렸다. 이번에는 전철에서 황당한 경우를 찾아내는 것이었다. 방식은 역시 보다 더 황당한 사람만 살아남는 방식이었다.

제일 먼저 20대 남자 대학생이 자신의 아이디어를 발표했다. 그는 경로석에서 양보를 안하려고 잠을 자는 척 하는데 앞에서 노인이 자기 앞으로 자꾸 넘어져 할 수 없이 자리를 옮겼을 때 가장 황당했다고 말했다. 대부분의 사람들이 경험이 있는 듯 고개를 끄덕였다. 이어 다른 남학생이 자신의 경험담을 제시했다. 그는 양보를 안 하려고 조는 척 하다가 진짜 잠이 들어서 종점까지 갔을 때 황당했다고 말을 했다. 뒤에 말한 남학생의 승리였다.

그러자 20대 여자 회사원이 그보다 더 황당한 경우를 제시하겠다며 나섰다. 그녀는 양보 안하려고 잠자는 척 하는데 앞에서 계속 방귀를 꾸어 대는 견딜 수가 없어서 양보를 했을 때라고 발표를 했다. 역시 직전의 경우보다 더 황당하다는 평가를 받아 승리했다. 이어 30대 남자가 그보다 황당한 경우가 있다며 나섰다. 전철을 탔는데 자기보다 나이가 더 많은 노인이 정중하게 자리를 양보했을 때 황당했다는 것이다. 역시 대단히 황당한 일이 아닐 수가 없었다.

그러나 그것이 과연 전번 것 보다 더 황당한지는 판단을 내리기가 곤란했다. 하는 수 없이 좌중의 거수를 통해 뒤의 사례가 더 황당하다는 평을 받았다. 다음에는 20대 직장인이었다. 노인에게 자리를 양보했는데 젊은 여성이 가로챘을 때 황당했다고 말을 했다. 이것 역시 매우 황당한 일임에는 틀림없는 상황이었다.

다음에는 50대 남성이 발표했다. 자신은 서 있다가 자리가 나서 선반의 가방을 내려서 앉으려고 가방을 내리고 보니 이미 젊은 사람이 앉아 있을 때 황당했다고 말을 했다. 그러나 이 상황은 앞의 것 보다는 덜 황당하다는 평을 받아 떨어졌다.

다음은 30대 여성이었다. 그녀는 전철을 겨우 탔는데 치마가 문틈에 끼어서 어쩔 수 없이 다음 정거장 까지 가고 있는데 그 다음부터는 계속 반대편 문만 열릴 때 가장 황당했다는 것이다. 그건 정말 대단히 황당한 일이라며 이전의 모든 아이디어를 물리쳤다.

좌중은 그 아이디어가 채택될 것을 의심치 않았다. 그러자 다른 60대 노인이 그 얘기를 들으니 생각났다며 발표를 했다. 그는 전철에서 동전을 떨어뜨렸는데 집어 올리면서 머리를 들고 보니 머리에 뭐가 덮여 있더라는 것이었다. 답답해서 벗기고 보니 여성의 치마 속에 머리가 들어가 있더라는 것이었다. 정말 대단한 경험이었다. 대부분의 사람들이 심사할 필요도 없이 그 노인이 우승을 할 것으로 의심치 않았다.

그런데 20대 여성이 수줍은 듯 얼굴을 가리서 단상으로 나왔다. 그녀는 이런 것도 발표를 해도 될지 모르겠다며 주저하며 말했다. 사회자가 제약은 없고 모든 책임은 사회자가 지겠다고 하자 그녀는 조심스럽게 자신의 경험을 털어 놓았다.

그녀는 시골처녀였는데 남자 친구의 초대를 받고 대학 축제에 참석하려고 짧은 치마를 입고 전철로 친구의 학교로 가고 있는 중이었다고 한다. 그런데 마침 자리가 있어 앉았다고 한다. 피곤하여 잠시 눈을 붙였는데 누군가가 다리 쪽을 툭툭 치고 있더라는 것이었다. 깜짝 놀라 눈을 떠 보니 어떤 할아버지가 보따리를 자기의 가랑이 사이로 집어넣으면서 하는 말이, "아가씨 다리 좀 조금만 더 벌려봐, 고추 좀 집어넣게."

한참 만에 와…….하는 폭소가 터졌다. 그 보따리는 할아버지가 시골에서 가지고 올라온 고추보따리였다. 좌중은 긴장과 함께 폭소가 터졌고 결국 마지막의 여성이 우승을 하게 되었다.

::황당3

제3회 코미디 콘테스트가 열렸다. 주제는 방귀였다. 방귀 때문에 황당한 경우를 제시하는 대회였다. 방식은 모든 발표를 들은 후 점수로 우승자를 가려내는 방식이었다.

제 1차로 한 숙녀가 자신의 경험이라며 발표 했다. 그녀는 선을 볼 때 방귀가 나와 소리 없이 뀌었는데 소리가 밖으로 새어나와 민망스러워 더 이상 선을 볼 수 없을 때가 가장 황당했다고 했다. 잠시 후 두 번째의 여성이 자신의 경험담을 발표했다. 그녀는 어느 겨울 모처럼만에 동창생들을 만나 친구들과 방에서 고스톱을 치다가 방귀가 나오려고 해서 냄새가 나지 않게 하려고 창문을 열고 방귀를 뀄는데 마침 바람이 안쪽으로 불어오더라는 것이다. 결국 그녀는 방귀뀐 것이 들통 나고 말았다는 것이다.

다음은 어떤 나이가 지긋한 여성이었다. 그녀는 교회 성가대에서 합창을 하다가 나오는 방귀를 어찌하랴 싶어 자연스럽게 뀄다는 것이다. 합창소리 때문에 아무도 듣지 못했으리라 생각했는데 지휘자가 자신에게 음정이 틀렸다며 합창하는 것을 멈추라고 했을 때 가장 황당했다는 것이었다. 방귀소리 때문에 합창의 화음에 영향을 준 것이었다.

다음은 젊은 총각이 나왔다. 그는 데이트 중에 방귀 때문에 황당한 경우를 제시했다. 그는 방귀를 힘껏 뀌는 버릇이 있었다고 한다. 그런데 어느 날 데이트 중 방귀가 나왔다고 한다. 평소 같으면 힘껏 뀌었을 텐데 데이트 중이었기 때문에 실례가 될 것 같아 참고 있었다. 뀔 수도 없고 참을 수도 없는 고약한 상황이었다. 그런데 마침 뻥튀기를 하는 장면을 목격하고 그 기회를 활용하기로 했다. 그는 뻥튀기를 뻥하고 튀길 때 함께 뀌면 소리도 안 들리고 큰 소리로 뀔 수 있으리라고 생각하고 뻥튀기의 레바를 잡아당김과 동시에 '뻥' 하고 뀌었다는 것이었다.

그런데 불행하게도 뻥튀기가 불발이었다는 것이다. 그는 결국 방귀소리를 들키고 말았다. 그런데 뻥튀기 장사는 소리는 났는데 뻥튀기가 안 튀겨진 게 이상하다며 고개를 갸우뚱 거릴 때 가장 황당했다는 것이었다. 모두들 배꼽을 쥐고 웃었다.

그 다음은 40대 중반의 남성이었다. 그는 전철을 타고 귀가하던 중 방귀 냄새 때문에 견딜 수가 없었다. 그래서 코를 막고 있는데 사람들이 자신을 의심하며 방귀를 그렇게 심하게 뀌느냐며 매너가 없다고 말하더라는 것이었다. 그는 어이가 없어 자신은 방귀를 뀌지 않았다고 자신도 피해자라고 하며 반박을 하는데 마침 그때 자기도 모르게 방귀가 '뿡' 하고 나오더라는 것이다. 그래서 별 수 없이 자신이 모두 뒤집어쓰게 되었다는 것이다. 듣고 있던 사람들은 그것참 대단히 황당한 일이라며 폭소를 자아냈다.

다음으로 젊은 남자가 일어나 자신 있게 자신의 경험을 발표했다. 그는 공원 꽃밭에서 데이트하다가 분위기가 무르익어가는 순간 마침 방귀가 나와 조용히 뀠는데 냄새가 진동하자 상대가 꽃향기가 안 좋다며 그만 집으로 가겠다고 했을 때 가장 황당했다고 말했다. 이렇게 수많은 황당한 아이디어가 나왔지만 나온 아이디어들의 우열을 가리지 못해 평가를 유보하기로 했다.

::매너

경영 방식이 매우 민주적인 회사에서 사정상 정리 해고를 해야만 했다. 회사는 어떤 방법으로 정리해고 대상자를 선발할까 하는 고민이 생겼다. 아이디어를 모은 결과 출근 매너가 가장 나쁜 사람을 선발해서 매월 한명씩 매퇴매너퇴직를 시키기로 합의 했다. 방법은 회사원들 간의 고발제였다.

그런데 한 달이 지나도 서로 눈치만 볼 뿐 아무도 매너 나쁜 사람을 고발하는 사원이 없었다. 그래서 고발 활성화를 위해 매너 나쁜 사람을 신고하는 사람에게는 정년을 1년씩 연장시켜 주기로 했다. 또 고발자의 신분은 철저히 비밀로 하기로 했다. 그러자 신고가 쇄도하기 시작했다. 게시판에는 이미 총무과 미스 박의 이름과 그녀의 나쁜 매너 사례가 공고되어 있었다.

그것은 같은 과의 라이벌 미스 김이 고발한 것이다. 미스 박은 출근시간 땡 하면 사무실로 들어오는 사원이었다. 그것은 주변에서는 모두 다 아는 사실이기 때문에 미스 박은 인정을 할 수 밖에 없었다. 그 사실은 매너 나쁜 경우로 채택이 되어 이를 신고한 총무과의 미스 김은 정년이 1년 연장되었다. 그리고 만일 더 매너 나쁜 사람이 월말까지 나오지 않으면 미스 박은 매퇴가 되는 것이다.

미스 박은 자신보다 매너 나쁜 사람을 찾아야만 했다. 미스 박은 하루 종일 아무 일도 할 수가 없었다. '누가 써냈을까?' 하며 자신만 그런 것도 아닌데 같은 사원으로서 고발하다니 괘씸한 생각도 들었다. 그보다 문제는 자신이 매퇴를 당한다는 사실이었다.

그러나 그녀는 여유가 있었다. 월말까지 자신보다 매너 나쁜 사람을 써 내면 해결되는 것이기 때문이었다. 그녀는 일주일 후 자신보다 매너 나쁜 사원을 찾아 비밀 고발함에 써냈다. 상대는 바로 자신의 직속 상사인 유 과장이었다. 유 과장은 일단 회사에 정시에 출근은 하지만 출근 도장은 찍고 나가서 아침을 해결한 후 한 시간쯤 지나서 들어온다는 것이었다. 그것은 사실이었고 유 과장은 꼼짝없이 매퇴를 당하게 되었다. 유 과장은 누가 자신을 고발했을까 하고 괘씸했지만 지금 상황에서 그런 것을 따질 여유가 없었다. 오로지 자신보다 매너가 더 나쁜 사람을 찾아내는 것만이 살길이었다. 그는 하루 종일 자신 보다 매너가 나쁜 사원을 찾기 시작했다.

유 과장은 자신을 능가할 만한 나쁜 매너를 가진 사람을 찾아낼 수가 없었다. 그는 그날부터 매일 일찍 출근하여 직원들의 동태를 살폈다. 다행히 일주일째 되는 날 드디어 자신보다 매너가 나쁜 한 여사원을 발견했다. 그녀는 총무과에 근무하는 미스 박이었다. 그녀는 지각을 하고도 아침식사를 회사에서 해결하는 것이었다. 자신은 밖에서 해결했는데 아침을 회사 돈으로 축냈으니 더 나쁜 매너였다. 그녀의 나쁜 매너는 곧 공고되었다. 게시판을 본 그녀는 이건 모함이라고 오리발을 내밀었다.

그러나 그 증거는 고발자인 유 과장에 의해 폰카 동영상으로 촬영되어 있었기 때문에 피할 길이 없었다. 그녀는 꼼짝없이 매퇴 대상이 되고 말았다. 물론 미스 박을 적발한 공로로 유 과장은 매퇴 대상에서 벗어남과 동시에 정년 1년이 연장 되었다.

이제 월말까지 더 이상의 나쁜 매너를 찾아내지 못하면 미스 리는 매퇴 1호가 되는 것이다. 그녀는 매퇴는 두렵지 않지만 사귀고 있는 기획실의 한 대리와의 관계가 나빠질까 염려가 되었다. 그녀는 곰곰 생각에 잠겼다. 어떻게 해서든 나쁜 매너를 가진 사원을 찾아야만 했다. 천만 다행으로 그녀는 월말 이틀 전에 자신 보다 매너 나쁜 직원을 찾아냈다. 바로 직속 상사인 안 부장이었다. 안 부장은 지각을 할뿐만 아니라 식사는 회사에서 해결했고 사무실에 들어오면서 자신에게 꼭 커피를 시키는 것이다. 그녀 보다 한수 더 뜬 것이었다. 그녀는 이를 고발했고 가까스로 살아났다. 결국 안 부장이 매퇴를 당할 상황이 되었다.

그러나 안부장이라고 그냥 당할 수만은 없었다. 어떻게 해서라도 이틀 내에 자신보다 매너 나쁜 사람을 찾아내고야 말겠다고 다짐을 했다. 그는 이틀간을 퇴근도 안하고 회사에서 자신보다 나쁜 매너를 가진 사람을 찾았다. 그는 일단 지각한 사람들의 명단을 작성했다. 그리고 그들 중에 회사에서 식사를 하는 사람들을 명단에 적었다. 다행히 열 명이나 찾을 수가 있었다. 그는 조사 결과 놀라지 않을 수가 없었다. 그중에는 자신의 부하 직원이 세 명이나 있었다. 자신이 출퇴근 관리를 못한 것도 그제야 알았다. 그는 10명 가운데 간부회의 때마다 자신을 늘 공격했던 영업부의 한 과장을 추적하기 시작했다. 한 과장은 지각하고 회사에서 식사하고 화장실로 가더니 한 시간 만에 나오는 것이었다. 그리고 그는 화장실에서 일보고 물도 안 내리고 나왔다. 그는 잘됐다 싶었다. 이 기회에 골치 아픈 한 과장을 내보내자는 생각을 한 그는 마감 직전에 이 사실을 통보하기로 했다. 그래야 한 과장이 꼼짝없이 당할 것이 아닌가! 그는 마감시간을 기다렸다가 마감시간 1분전에 그 사실을 고발함에 넣었다. 결국 가장 매너가 나쁜 영업과의 한 과장은 매너퇴직을 당하고 말았다.

▧진단

횡성에서 춘천으로 가는 길에는 급커브로 인한 사고 다발지역이 있었다. 그래서 도에서는 사고발생 장소에 안전운행을 하자고 써붙였다. 그러나 사고는 줄지 않았다. 도에서는 일 년 안에 사고가 나지 않는 방법이 나올 경우 도 공무원 전원을 특진시키기로 하고 아이디어를 공모했다.

▧대책1

도에서는 안전운행을 하자는 말만으로는 효과가 없음을 깨달았다. 그래서 운전자에게 경각심을 주려고 표어를 '사고다발지역' 이라고 바꾸었다. 사고가 자주 발생되니 주의하라는 의미였다. 그 후 사고 추이를 지켜보았다.

그러나 사고는 거의 줄지를 않았다. 그러한 조치를 취한 후에 사고를 당한 당사자를 상대로 조사해 보니 사고 경위는 다음과 같았다. 그는 차를 몰고 강릉을 향해 달려가고 있었다. 가는 도중 그 지역에서 '사고 다발지역'이라는 팻말을 보았다는 것이다. 사고가 잘 나는 곳이니 아마도 행인들이 무단횡단을 자주 하는 곳인가 보다 생각을 하고 주위를 살펴 보았다는 것이다.

그러나 주위에는 사람이라곤 개미 새끼도 한 마리 없었다. 그는 횡단하는 사람이 없었기 때문에 문제가 없을 것이라고 생각을 하고 시속 120킬로로 달렸다.

그런데 그의 예상과는 달리 급커브 길이 나타나 그는 낭떠러지로 곤두박질치고 말았다. 결국 사고가 나는 요인이 무엇인지를 정확하게 표기하지 않은 것에 책임이 있는 것으로 판단되어 도에서는 손해 배상을 물고 말았다. 그리고 도청의 교통계 직원들은 특진 혜택을 받을 수 없었다. 오히려 그에 대한 책임을 물어 오히려 교통계 담당은 해임되고 말았다.

그렇다면 사고 다발지역이라고 써 붙인 것의 취약점을 보완하는 즉, 운전자가 상황을 정확히 직시하고 대응할 수 있도록 하는 방법은 없을까?

⊠대책2

도 교통계에서는 그제야 '사고 다발지역'이라는 표지만 가지고는 사고의 원인을 제각각 해석을 하기 때문에 사고를 미연에 방지하지 못한다는 사실을 알았다. 그래서 사고의 구체적 요인을 알려주기 위해 '급커브길 조심운행'이라고 팻말을 바꾸었다. 운전자라면 급커브 길에서 누구나 속도를 줄일 것이고 그러면 사고는 예방될 것이기 때문이다.

그 아이디어를 실시 한 후 운전자들이 급커브 길에 대비하여 속도를 줄였다. 그 결과 사고가 대폭 줄었다. 그 후 한 달 동안은 사고가 단 한건도 발생되지 않았다. 도 공무원들은 이젠 11개월만 지나면 전원 1계급 특진을 하게 될 기대에 부풀어 있었다.

그런데 한 달 반쯤 되어 또 추락사고가 발생하고 말았다. 도에서는 사고가 난 것에 의문을 가지고 사고자에게 급커브길이라고 쓰여 있는 것을 보고도 주의를 기울이지 않은 이유를 물었다. 그러자 그는 '급커브길 조심운행' 이라고 쓰여 있는 것을 보고 그는 속도를 줄였다는 것이다.

그런데 200미터 정도 가면 급커브가 나오려니 하고 생각했는데 커브길이 나오지 않자 다시 속도를 120킬로로 높였다는 것이다. 그가 속력을 120킬로로 놓고 달려가는 순간 급커브길이 나타나 강으로 곤두박질치고 말았다는 것이다.

결국 도에서는 급커브의 위치를 정확하게 표기하지 않은 책임을 물어 교통계장을 해임시켰다. 그렇다면 운전자가 보다 정확히 상황을 알 수 있게 할 수 있는 방법은 없을까?

▨ 대책3

도에서는 아직도 사고가 나는 원인을 분석하기 시작했다. 결론은 급커브 길의 위치가 몇 미터 쯤 가면 있는지를 정확히 알지 못했기 때문에 사고가 발생하는 것이다. 팻말 위치로 부터 정확히 몇 미터 전방인가를 실측을 해 본 결과 500미터 전방이었다. 그래서 '500미터 전방 급커브'라고 팻말의 내용을 바꾸었다.

그 후 그 도로 운전자들은 자신의 위치로 부터 몇 미터 전방에 급커브가 있는지를 정확히 알게 되어 적절히 속도를 조절할 수가 있었다. 적어도 커브의 위치가 어디쯤인지를 예상을 못해서 발생하는 사고는 근절되었다. 두 달이 되었지만 사고는 발생되지 않았다. 대단한 효과였다. 효과를 경험한 도에서는 모두들 신바람이 났고 잔치 분위기였다.

그런데 두 달 반쯤 되었는데 다시 같은 사고가 발생되었다. 도에서는 급히 사고의 원인을 분석해 보았다. 확인결과 '500미터전방 급커브길 추락조심'이라는 팻말을 보고 급커브라면 50도쯤 되는 커브길이겠지 하고 속도를 80킬로로 줄였다는 것이다. 그런데 커브가 그가 예상했던 것 보다 훨씬 심한 90도였다. 결국 커브의 정도를 예측 못한 그는 적절하게 속도 조절을 못해 강으로 곤두박질을 치고 말았다는 것이다.

결국 정확한 표기를 못한 책임이 있다는 판결이 나와 도에서는 손해배상을 하고 말았다. 도 공무원들은 자신들의 급여에서 배상금이 나간 것을 분개하기 시작했다. 결국 정확한 표시를 하지 않은 책임을 물어 교통과장은 해고되었다. 보다 정확한 대응을 할 수 있게 하는 방법은 없을까?

▨ 대책4

도에서는 사고가 계속해서 일어나는 요인이 무엇인지를 심층 분석했다. 분석결과 급커브란 말만 가지고는 커브의 정도가 어느 정도인지를 몰라 제각각 해석한 나머지 사고가 발생한다는 사실을 알게 되었다.

그래서 이번에는 커브의 각도를 실측한 뒤 '500미터전방 90도 급커브'라고 커브의 정도를 구체적으로 써 붙인 것이다. 그 후 대부분의 사람들이 90도 급커브에 대한 대책을 철저히 세워 커브의 각도를 예측 못해 발생하는 사고는 근절되었다. 두 달 반이 지났지만 사고는 없었다. 도 공무원들은 기대가 부풀기 시작했다. 이대로 몇 달만 지속되면 전원 특진을 기대할 수가 있었다.

그런데 석 달째 되던 어느 날 또 다시 동일한 사고가 발생되고 말았다. 부랴부랴 사고자를 대상으로 원인을 조사한 바, 그는 '500미터전방 90도 급커브' 라고 쓰여 있는 것을 보고 90도 급커브라면 대략 시속 70km 정도면 되겠지 하고 70km로 줄였다는 것이다.

그러나 그는 낭떠러지로 추락하고 말았다. 90도 급커브면 얼마나 줄여야 하는지를 알지 못해 나름대로 최선의 판단을 하고 속도를 줄였지만 사고가 발생된 것이었다. 도 책임자가 90도 급커브인데 그렇게 속도를 높이면 어떡하느냐고 그를 나무랐다. 그는 그렇다면 얼마로 달려야하느냐고 되물었다.

그러나 도에서도 정확히 제시하지 못하고 말았다. 결국 사고의 책임은 속도를 얼마로 줄여야 적절한지를 표기하지 않은 도에 있었다. 도에서는 사고자에게 또 손해배상을 하고 말았다. 그리고 책임을 물어 교통국장을 해고 했다. 보다 확실한 대처를 할 수 있는 방법은 없을까?

▨대책5

도에서는 아직도 사고가 나는 원인을 분석했다. 원인은 90도 급커브만으로는 운전자들이 몇 킬로로 속도를 줄여야 적절한지 알 수가 없었기 때문에 사고가 발생한다는 사실을 알게 되었다. 도에서는 90도면 속도를 얼마로 제한해야 안전한지 실험한 결과 40킬로 이하가 되어야 안전하다는 사실을 확인했다. 그래서 '전방 500미터 90도 급커브, 속도를 40킬로 이하로'라고 팻말을 바꾸었다.

그 후 90도 급커브라면 몇 킬로 이하로 줄여야 되는지를 몰라서 발생되던 사고는 근절되었다. 그 후 석 달 동안 사고는 한 건도 발생되지 않았다. 도에서는 그 아이디어를 낸 사람에게는 큰 상을 주었다.

그런데 넉 달째로 들어서던 날 그곳에서 다시 추락사고가 나고 말았다. 도에서는 말 그대로 환장할 일이었다. 부랴부랴 사고 운전자를 대상으로 물어보았더니 그는 그 팻말을 보았지만 자신은 애인이 급류에 휘말렸다는 통보를 받은 상태였기 때문에 40킬로로 놓을 상황이 아니었다는 것이었다. 도에서는 속도 규정을 지키지 않은 그에게 과속 과태료를 물렸지만 문제는 계속 발생했다. 그렇다면 아주 급한 사람도 지키도록 할 수 있는 방법은 없을까?

▨ 대책6

도에서는 구체적으로 어떻게 해야 되는지를 알려주기만 하면 모두 지킬 것이라고 생각하는 것은 고정관념이라는 사실을 깨달았다. 이젠 아무리 바쁜 사람이라도 지킬 수밖에 없는 방법을 찾아 보겠다고 별렀다.

운전 실력을 과신하는 사람들이나 아주 급한 사람의 경우 급커브를 알면서도 지키지 않을 수 있기 때문에 그에 대한 대책을 세우기로 한 것이다. 한국인은 법규를 지켜도 자신에게 득이 없다면 지키지 않는다는 사실을 직시하여 지키지 않으면 운전자에게 엄청난 손해를 주자는 아이디어가 나왔다. 그것은 바로 위반 시 벌칙을 가하면 될 것이라는 착상이었다.

그래서 '500미터전방 90도 급커브. 속도 40킬로 이하로, 위반 시 100만원 벌금'이라고 써놓았다. 그러자 운전에 자신이 있는 사람들도 100만원이라는 벌금이 무서워서였는지 더 이상 위반을 하는 사람은 없었다. 모두가 그 팻말을 보는 즉시 속도를 줄이기 시작했다. 그 후 4개월이 되었지만 위반자나 사고가 없었다. 역시 한국인들은 개인적이고 이기적이라는 사실이 입증된 것이다.

그런데 웬걸, 5개월쯤 되었을 즈음 어떤 운전자가 또 강으로 곤두박질을 치고 말았다. 그는 틀림없이 100만원 벌금표시를 보지 못했을 것이라고 생각하고 누구라도 잘 알 수 있도록 하는 방법이 없을까 하고 생각했다.

그러나 조사해 본 결과 그는 팻말을 보았다는 것이었다. 그는 그 대답만 한 직후 죽어 버렸다. 수사는 미궁에 빠질 상황이었다. 알고 보니 그는 하루 용돈 100만원을 쓰는 재벌 아들로서 100만 원 정도는 껌 값으로 아는 사람이었다. 도 공무원들은 자신들의 안일함을 자탄하며 한탄을 하게 되었다.

벌금만 가지고는 효과가 없는 사람이라도 속도를 낼 수 없게 하는 방법은 없을까?

⊠대책7

도에서는 이젠 자신들의 타성과 고정관념을 깨닫고 전 도민을 대상으로 돈이 아무리 많은 재벌들도 지킬 만한 방법을 공모했다. 한 달간을 공모한 결과 그 가운데 기발한 아이디어가 한건 채택되었다. 그것은 재벌이든 아니든 다 같이 먹혀드는 방법이었다. 도로에 심한 요철을 만들어 과속 시 승차감이 아주 나쁘게 하면 된다는 발상이었다.

요철을 아주 심하게 만들면 진동에 의한 승차감 때문에 어떤 사람도 속도를 40킬로 이상 내지 못하도록 한 것이다. 도에서는 그 아이디어를 낸 사람에게 도로국장을 시켜주는 인센티브를 주었다. 이젠 더 이상의 문제는 없을 것이라고 확신을 하고 즉시 실시했다. 역시 그 아이디어를 실시한 뒤로 문제는 깨끗이 없어졌다.

5개월이 되어도 한 건의 위반이나 사고도 없었다. 도에서는 이젠 해결됐다고 생각하고 모두 1계급 특진을 기대하기 시작했다. 멋지게 회식까지 했다. 역시 아이디어는 여러 사람이 내는 것이 좋다는 사실을 실감했다. 7개월이 되어도 사고는 없었다. 도에서는 전 직원 특진의 꿈에 부풀었다.

하지만 7개월 반 만에 차량이 강으로 곤두박질을 치는 사고가 다시 발생되고 말았다. 도에서는 운전자가 틀림없이 왕초보일 것이라고 생각하며 이런 경우는 사고 건수에서 제외시키자고 했다. 어쩔 수 없는 일이 아니냐는 것이었다. 그런 도의 의견이 수렴되어 사고 건수에서 빼기로 했다. 그리고 사고 운전자를 불러 40킬로도 안 되는 속도를 가지고 사고를 내는 그런 실력으로 무슨 차를 운전하느냐며 질타를 했다.

그런데 알고 보니 당시 차량의 속도는 100킬로였다. 도무지 믿기지 않았다. 그 정도의 속도라면 요철로 인해 머리가 차 지붕에 부딪혀 깨졌을 텐데……

알고 보니 그 차는 클린턴이 1년간 타다 판 최고급 벤츠 승용차였다. 그 정도 속도에는 승차감에 전혀 영향이 없는 차였다. 도에서는 그런 것 까지는 미처 생각하지 못한 것을 한탄하며 그 아이디어를 낸 사람에게 과태료를 물렸다.

승차감이 아주 좋은 차라도 규정 속도 이상 발생되지 않게 하는 방법은 없을까?

도에서는 요철만 가지고는 안 되는 경우도 있다는 사실을 알고 아직도 깨지 못한 자신들의 고정관념이 얼마나 큰지 개탄을 했다. 그들은 정말 계속 새로운 변수가 발생하는데 대해 질려버렸다. 그들은 그 문제까지 해결할 수 있는 기발한 방법이 없을까 하고 다시 아이디어를 공모했다.

그런데 공모한 아이디어 중에서 한 가지 확실한 방법이 채택되었다. 그것은 급커브 50미터 전방에서 속도위반 시 도로에서 못이 튀어나오게 하여 타이어를 펑크 내자는 것이었다. 그러면 급커브까지는 가지도 못할 것이 아닌가? 펑크 난 타이어로 시속 40킬로미터 이상은 못 낼 것이 틀림없기 때문이었다.

실험해 본 바 펑크가 나는 것은 사고로 이어지지는 않았다. 기발한 착안이었다. 일부에서는 너무하지 않느냐는 반론도 있었지만 동승자의 생명을 빼앗는 것에 비하면 그렇게 해서라도 사고만은 막자는 뜻에서 실행하기로 결정되었다.

그 후 일부러 실험을 해보는 사람도 있었으나 커브 길에 들어서기 전에 여지없이 펑크가 나서 속도를 낼 수가 없었다. 또 그런 사실이 매스컴에 보도가 된 뒤로 다시는 위반하는 사람이 없어졌다. 10개월이 되어도 위반자는 없었다. 아니 위반할 수가 없었다. 펑크 난 자동차로 어떻게 시속 40킬로를 내겠는가?

사고가 없어졌음도 물론이다. 이제 도에서는 전 공무원이 특진을 하는 일만 남았다. 그래서 급여가 오를 것을 예상하여 전 도 공무원들은 고급 가구를 들여놓고 차도 고급차로 바꾸었다.

그런데 이게 웬일인가? 11개월이 조금 못되어 동일한 추락 사고가 다시 발생한 것이다. 참으로 이해할 수 없는 불가사의한 일이었다. 타이어가 펑크가 났는데 어떻게 40킬로 이상으로 달렸느냐 하는 것이다. 도에서는 특별 조사팀을 구성하여 조사해 보았다. 알고 보니 그 차는 공기가 없는 통고무 바퀴로 만든 바퀴였기 때문에 못이 박혀도 펑크가 나지 않는 타이어였다. 40킬로 이상에서 펑크가 나자 그것을 피할 특수 타이어를 만들어 그것을 믿고 달리다가 사고가 난 것이었다. 도에서는 또 다른 변수를 예측하지 못해 공든 탑이 무너지고 말았다.

그렇다면 통타이어를 가지고도 40킬로 이상 놓지 못하게 하는 방법은 없을까?

▨ 대책9

도에서는 비상이 걸렸다. 특진이 아니고 손해배상과 공무원들이 특진 예상으로 인한 과소비로 모두 빚만 지게 되었다. 그래서 무슨 묘안이 없을까 하고 모든 도 공무원들이 분임토의 방법을 배우고 조를 나누어 문제에 대한 토의를 시작했다.

필사적인 토의를 한 끝에 기발한 아이디어가 나왔다. 폭탄을 설치하여 속도 위반시 '50미터 전방에서 차량을 폭파하자'는 아이디어가 나왔다. 지나치다는 말도 나왔으나 본보기로 한 사람만 죽고 나면 그것이 TV에 나올 것이고 그러면 자살예정자 외에는 다시는 위반하는 일이 없어질 것이라는 판단이었다. 결국 격론 끝에 한사람의 범법자가 희생하는 것이 낫지 죄 없는 사람이 교통사고 피해를 볼 수 없는 일이라는 것이 설득력을 얻어 시행에 들어갔다. 물론 표지판에도 '위반 시 차량폭파'라고 경고판을 썼다.

결과는 어떻게 되었을까? 어느 누구도 감히 위반을 못했다……
그런데 10개월 쯤 되어 호기심 많은 용감한 사나이가 설마하고 실험삼아 요량으로 시속 80킬로로 달렸다. 그의 차량은 급커브 길에 들어서지도 못하고 폭파하여 산산조각이 나고 운전자는 뼛조각도 못 찾았다. 그 광경이 TV를 통해 전 국민에게 보도 되었다.

그 후 그 길에서 평균 속도는 30킬로 이하로 줄었다. 그 후 수많은 사람들이 차량을 개조하는 등의 방법을 동원하여 그에 도전장을 냈지만 아무도 그 길을 40킬로 이상을 낸 사람은 없었고 사고도 없어졌다. 1년이 지나도 사고는 없었다. 그 결과 도 공무원들은 1계급 특진을 하게 되었다. 실로 많은 노력과 시행착오 끝에 얻어낸 결과였다.

그런데 그러한 아이디어가 나와서 과속을 막아 왔지만 운전자들이 그 길을 지나갈 때면 공포감에 질려 한번 지날 때 머리카락이 100가닥씩 빠졌다. 결국 각 사회단체에서 이에 대한 불만이 터져 나와 더 이상 그 방법을 사용할 수가 없게 되었다. 그렇다면 속도도 제한받지 않고 사고도 안 나고 문제를 해결하는 방법은 없을까?

⊠대책10

"급커브 길을 바르게 잡는다."라는 아이디어였다. 더 이상 속도제한을 할 필요가 없으니 최상의 아이디어가 될 수 있었다.

역으로 생각하라

문제를 해결하기 위한 아이디어를 얻는 방법에는 여러 가지가 있다. 그런데 일반적으로 어떤 문제에 대한 아이디어를 낼 때 일단 한번 어떤 방향으로 생각하기 시작하면 그 방향으로만 계속 생각하는 습성이 있다. 그러다보면 그 반대의 방법을 전혀 생각하지 못하게 된다. 예를 들면 말 안 듣는 아이를 보면 반사적으로 혼내주어야지 하는 생각을 하게 된다. 그러면 혼내주는 방법 이외에는 좀처럼 생각하지 못한다는 것이다. 다시 말해 그 반대의 방법들, 동기부여를 하든지 말을 잘 들었을 경우에는 어떻게 한다는 반대의 방법을 통한 해결책은 생각하지 못한다는 것이다. 이렇게 아이디어에 편견을 가지고 있으면 자연 아이디어는 제한된다.

우리가 어떤 문제를 해결하기 위해서 전통적인 방법들을 생각해보았지만 의도대로 잘 안 되는 경우가 종종 있다. 이때 한 번쯤 이제까지의 방법을 중단하고 반대로 해결할 수는 없는가 하고 반대의 방향으로 찾아볼 필요가 있다. 그러면 이제껏 생각하지 못한 기발한 아이디어가 나오는 경우가 있다.

과거 은행에서는 고객 편의를 위해 줄을 세우는 노력을 해왔다. 그러나 노력에 비해 그다지 큰 효과는 보지 못했다. 그런데 누군가가 이제까지와는 반대로 줄을 안 세우는 방법을 생각했다. 그 결과 번호표가 나온 것은 하나의 좋은 예이다. 그 방법은 줄을 세우지 않고도 궁극적인 목표를 달성하게 된 간단하고도 효과가 큰 새로운 방법이었다.

::채소밭

채소 농사를 짓고 있는데 닭이 와서 밭을 파헤친다. 어떻게 할 것인가? 이때 닭다리를 부러뜨린다거나 철망을 친다거나 구덩이를 파는 등 여러 가지 닭이 못 오게 하는 방법을 동원해 보았지만 주인과의 마찰만 심해졌고 효과가 의문스럽다.

그러면 못 오게 하는 것과는 역으로 발상을 해 보자. 즉, 닭을 못 오게 할 일이 아니고 더 오게 해보자. 더 오도록 하여 오는 닭을 활용하는 것이다. 닭똥을 이용한다든지 잔반을 처리하게 한다든지 알을 꿔어 먹는다든지 하는 아이디어가 나올 수 있는 것이다.

이와 같이 역으로 생각하면 전혀 다른 파격적인 아이디어가 나올 수 있는 것이다. 또 채소 농사를 잘 지어 보겠다는 생각을 역으로 해 보자. 즉, 채소 농사를 짓지 않는 것이다. 그러면 채소 대신 닭에게 피해를 입지 않고 도리어 도움을 받을 수 있는 것은 없을까? 사과나무나 감나무 복숭아나무 등을 심어 닭똥을 이용하는 방법도 있을 것이다. 이와 같이 원래의 아이디어 목표를 역으로 생각해 보면 의외로 간단히 문제가 해결될 수도 있다.

::미인 얻기

대구에 사는 김 씨는 가진 것 없이 주먹하나 쓸 만하다는 소리를 듣는 골목의 해결사였다. 그는 원하는 일이라면 무엇이든 힘으로 해결하는 사람이었다. 그런 그가 시내 모 대학에 다니는 한 여성에게 매료 되었다. 그는 자신의 신분을 감추고 비전도 제시해 보고 애원도 해보고 좋은 선물도 하고 또 원하는 것은 뭐든 다 해 준다 그 여성에게 접근했다.

그러나 메이퀸이었던 그녀는 호락호락 넘어오지 않았다. 상대에게 호감을 얻기 위해 상대를 만족시켜 주는 방법을 통해서는 해결이 안 된다는 것을 알게 된 그는 거꾸로 생각을 하기 시작했다. 그것은 다름 아닌 그녀가 가장 싫어하는 방법이었다. 그는 그녀를 폭행하기로 했다.

다만 폭행을 하되 그의 목적 달성을 위해 지혜롭게 하기로 했다.

그는 자신의 친구를 통해 그녀에게 폭행을 하도록 하고 자신은 구출자로 나서기로 한 것이다. 각본대로 그녀가 으슥한 밤 귀가 길에 치한을 만나는 상황을 만드는 것이다. 그리고 치한에게 당할 순간에 그가 그녀를 구하는 작전을 연출하는 것이다. 그는 그 아이디어를 실천에 옮겼다. 그 결과 김 씨는 메이퀸을 신부로 맞이할 수 있었다. 마음에 드는 여자의 관심을 끌기 위해 잘해 주어야 한다는 고정관념을 깨고 전혀 엉뚱한 아이디어를 활용하여 목표를 달성한 것이다.

다양화하라

아이디어가 유사하면 효과도 유사하다. 현장에서 문제해결을 위한 아이디어를 낸 것을 분석해 보면 유사한 것들만 나열되는 경우가 많다. 인간의 두뇌는 어떤 사안에 대하여 한가지의 방법을 생각하게 되면 그와 유사한 아이디어에 사고가 집중되고 집착하는 경향이 있기 때문이다.

그러나 유사한 아이디어만으로는 문제 해결이 쉽지 않다. 아무리 많은 아이디어가 나와도 효과에 있어서 처음의 아이디어를 제외하곤 두 번째 세 번째 낸 아이디어는 차별화된 효과를 거두기 어렵다.

예를 들어 술 먹는 남편 술 안 먹게 하는 방법으로 밥을 안 해준다, 문을 안 열어준다, 말을 안 한다, 시부모 용돈을 줄인다 등과 같이 보복차원의 아이디어만으로는 아이디어의 차별성이 없어 아무리 아이디어가 많다 하더라도 하나의 아이디어와 별 차이가 없다는 것이다.

따라서 일차로 아이디어를 낸 후에 필요에 의해 더 낼 때는 처음 낸 아이디어와는 차별화된 색다른 아이디어를 찾아낼 필요가 있다. 그러면 처음에 나온 아이디어가 설령 효과를 발휘하지 못했다 하더라도 다른 아이디어가 효과를 발휘할 수 있다. 이는 마치 음식을 먹으러 갈 때에 라면, 자장면, 울면, 우동, 국수 같이 밀가루 음식만 있는 골목으로 갔다면 밀가루 음식을 좋아하는 사람 이외에는 만족할 수 없을 것이지만 비빔밥, 보리밥, 된장찌개, 불고기, 삼겹살, 피자, 샌드위치, 햄버거, 오므라이스도 파는 식당골목으로 들어간다면 밀가루 음식을 좋아하지 않는 사람도 자신이 원하는 음식을 선택하고 만족할 수 있을 것이다.

::프러포즈1

T사의 김 씨는 입사 초부터 총무과의 미스 박을 짝사랑 하고 있었다. 미스 박은 김 씨를 특별히 싫어하는 것도 아니지만 그렇다고 관심이 있는 것도 아니었다. 김 씨는 그녀의 관심을 끌기 위해 수년 동안 온갖 지혜를 짜냈다. 그러나 용기가 없는 것이 문제였다. 그는 상사병이 날 정도로 더 이상 견딜 수 없게 되었다.

그러던 중 마침 그가 해외에 갔다 오는 길에 자연스럽게 그녀의 관심을 끌만한 선물을 해서 마음을 사기로 했다. 그는 마치 그녀를

닮은 예쁘고 앙증맞은 고급 파카 만년필을 선물로 샀다. 귀국하자
마자 조심스레 선물을 건넸다. 그런데 다행스럽게도 그녀는 부담
없이 넙죽 받는 것이었다. 그는 선물을 받는 그녀가 더없이 고마웠
다. 그런데 선물을 받긴 했으나 고맙다며 간단한 인사만 할뿐 별로
크게 감동을 하는 것 같지 않았다. 그는 옆구리 찔러 절을 받는 기
분이었지만 만년필은 잘 나오느냐고 넌지시 물어 보았다.

그런데 실망스럽게도 동생에게 줬기 때문에 잘 모른다고 말하는
것이었다. 그는 너무 싼 것을 선물해서 그런가 싶어 좀 더 비싼 것
으로 살 것을 잘못 했다고 생각했다. 그는 새로운 선물을 하기로
마음먹고 기회를 엿보았다. 마침 몇 달 후 다시 해외에 갈 일이 있
었다. 그는 출장 업무를 보면서도 오직 그녀에게 무엇을 선물해야
그녀가 감동할 것인가 에만 골몰했다.

그는 선물을 구입할 비용을 마련하기 위해 호텔도 낮은 등급으로
옮기고 음식도 손수 해먹어 가면서 아껴서 일제 고급 카세트를 사
서 귀국하지마자 그녀에게 선물했다. 그 선물을 받은 그녀는 너무
좋아했다. 어쩌면 자기가 카세트가 필요한 줄을 알았느냐며 정말
고맙다고 인사를 했다. 그의 전략은 성공한 듯 보였고 그는 그녀의
마음이 열리고 있다고 생각하고 그녀와 애인이 될 꿈을 키웠다.

카세트를 받고 좋아했던 모습을 기억하며 떠올리며 김 씨는 계속
그녀의 거동을 살폈다. 그는 며칠 후 선물한 것을 상기시키기 위해
카세트는 잘 나오느냐고 물었다. 그러자 그녀는 음색도 좋고 디자

인도 예쁘고 너무 좋다고 했다. 그래서 조카가 필요해서 줬는데 그 덕분에 조카와 사이가 좋아졌다고 말하는 것이었다.

그는 그 말을 듣고 실망이 이만 저만이 아니었다. 그는 이제는 그녀가 직접 사용할 수 있는 선물을 하기로 마음먹고 물색하기 시작했다. 그는 다시 해외에 나갈 기회가 생기자 출장비를 아껴서 비싼 악어 핸드백을 선물했다. 그녀가 악어가죽 가방은 없는 것 같았고 대부분의 여성들이 좋아한다는 사실을 알았기 때문이다. 그 정도라면 그녀의 마음이 움직일 것으로 생각했던 것이다.

그런데 그 선물을 받자 이렇게 비싼 선물을 받아도 되는 건지 모르겠다며 그녀는 고맙다는 말 외에는 별 관심을 주지 않았다. 그는 마음이 초조해지기 시작했다. 그는 비용을 많이 들인 것이 아까운 생각이 들기도 했지만 열 번 찍어 안 넘어 갈 나무 없다는 신념을 가지고 선물 공세를 늦추지 않기로 다짐했다.

그는 좀 더 효과적으로 해야겠다며 여자 동창 등 친구들에게 자문을 구해 여자들이 가장 좋아하는 선물이 무엇인지를 조사 했다. 조사한 결과 여자들이 좋아하는 물건으로는 첫째로 외제차, 두 번째로 아파트, 세 번째로는 밍크코트였고, 네 번째로 고급향수라는 사실을 알아냈다. 그는 여자들은 역시 값이 비싼 것을 좋아한다는 것을 알았다. 그러나 그는 형편을 감안하여 가장 싼 것부터 선물하기로 했다.

그는 첫 번째로 향수를 선물하기로 하고 향수 가게로 갔다. 향수의 종류도 여러 가지로 다양했다. 그는 돈이 아까운 생각도 들기도 하여 향수 중에서 비교적 싼 10만 원짜리 향수를 샀다. 그는 퇴근길에 그녀를 따라가 그녀의 손에 향수를 쥐어 주었다. 그리고 향수를 받은 그녀의 표정을 주시했다.

그러나 그녀는 이번에도 덤덤한 반응이었다. 나름 원인을 분석한 결과 가격이 싼 향수를 선물한 것이 문제였다는 판단이 들었다. 그는 일주일 후에 다시 50만 원짜리 최고급 향수를 선물했다.

그런데 향수를 또 받자 그녀는 일주일 전에 한 선물을 왜 또 하느냐며 선물을 받기가 좀 부담스러운 듯 사양하려 했다. 그는 기회다 싶어 자신의 아버지가 엄청난 부동산을 소유하고 있기 때문에 이런 정도는 껌 값이라며 허세를 부렸다.

그러나 그것으로도 그의 목적달성을 이룰 수 없었다. 할 수 없이 그는 다음 단계로 돌입하기로 했다. 그 후 다섯 달 간의 월급을 조금씩 모아 밍크코트를 선물했다. 이젠 뭔가 반응이 있을 것으로 믿고 조심스럽게 그녀의 거동을 살폈다.

그녀는 밍크코트를 선물 받고 좋아서 어쩔줄을 몰라했다. 밍크코트를 자랑하고 다니며 좋아했다. 과연 비싼 선물을 받은 그녀는 마음을 움직이는 것 같았다. 그는 그녀의 마음을 확실히 떠보기 위해 함께 제주도 여행을 하자고 청했다.

그러나 그녀는 시간이 없다며 일거에 거절하는 것이었다. 그녀의 마음은 전혀 움직이지 않은 것이다. 역시 미인을 얻기란 쉬운 일이 아니었다. 그는 이제껏 들인 공이 있는데 포기할 수는 없었다. 성공하면 한꺼번에 회수할 요량이었다. 그는 결국 최후의 방법이라 생각하고 자신의 재산을 몽땅 팔아 외제차를 선물했다. 그는 마음도 손도 떨렸다. 최후의 담판이라 생각하고 그녀에게 용돈으로 샀다면서 그녀의 손에 자동차 키를 쥐어주었다. 그러자 그녀는 좋아서 어쩔 줄을 몰라 하는 반응이었다. 그녀의 반응을 보고 그는 이 차를 타고 함께 멀리 여행을 가지고 했다.

그러나 그녀는 역시 시간이 없다며 거절했다. 나중에 알고 보니 밍크코트는 그녀의 언니에게 주었고 외제차는 남자친구에게 주었다는 것이었다. 그가 더욱 허탈했던 것은 그녀는 그런 정도의 선물은 껌 값으로 아는 잘나가는 재벌기업 회장의 딸이었다. 그는 결국 아무런 소득도 없이 재산만 날렸고 울분을 못 이겨 자살하고 말았다.

::프러포즈2

민 씨는 입사 후 총무과 미스 박을 짝사랑 하게 되었다. 그녀의 훤칠한 몸매에 우아하면서도 섹시한 자태가 민 씨의 가슴을 두들겼다. 그는 그녀의 마음을 사로잡기 위해 아이디어를 동원하기 시작했다.

그는 첫 번째로 그녀에게 최신 겔럭시3 핸드폰을 선물했다. 그러나 그녀는 뭐 이런 것을 선물로 주느냐며 별 반응이 없었다. 그녀가 선물에는 반응이 없자 그는 선물 대신 다른 방법을 쓰기로 했다.

그의 두 번째 방법은 그녀의 옷이 바뀔 때마다, 그녀의 헤어스타일이 바뀔 때마다 어쩌면 입는 옷마다 그렇게 분위기가 있느냐며 그녀를 띄워 주었다. 그녀는 빈말인 줄 알면서도 민 씨만 보면 기분이 좋았고 기대가 되어 그가 지나갈 때마다 거울을 한 번씩 더 보곤 했다.

그러나 그것으로 그녀의 마음이 움직일 수는 없었다. 아직 새로운 작업이 더 필요했기 때문에 세 번째 방법으로 그녀의 생일을 몰래 알아내서 생일날 장미꽃을 한 아름 선물하면서 '장미보다 아름다운 여인은 오직 그대뿐' 이라는 시를 써주었다.

시를 읽고 그녀는 감동하지 않을 수가 없었다. 그녀는 자신이 동화 속의 공주가 된 기분이 되었다. 자신을 얼마나 아름답게 생각했으면 이런 아름다운 시가 나올 수 있었을까 라고 생각하며 마음을 열기 시작했다. 시를 선물 받은 그녀는 다음에는 어떤 내용으로 프러포즈를 해올 것인가 하고 기대를 했고 속으로 민 씨가 좀 더 적극적인 프러포즈를 하기를 바랐다. 민 씨는 그녀의 마음이 어느 정도 움직인 것을 느낌으로 알 수 있었다.

그러나 여유를 갖고 더 뜸을 들였다. 한편 그녀는 그가 빨리 프러포즈를 하지 않자 그에게 자신은 시를 쓰는 사람은 마음이 순수하여 좋다면서 어떻게 하면 시를 쓸 수 있느냐고 물었다. 그리고 시 하면 호반의 도시 춘천이 떠오른다며 춘천에 한번 가보고 싶다고 말했다. 그녀가 도리어 프러포즈를 한 것이다. 그들은 곧 바로 함께 여행을 했고 그 여행은 바로 그들의 신혼여행이 되었다. 결국 그는 별로 돈도 안들이고 그녀의 마음을 사로잡을 수가 있었다.

::돌이의 작전

1

어느 고을에 돌이라는 총각이 살고 있었다. 그는 용모가 깔끔하고 건실하고 장래성 있는 총각이었다. 그런데 이웃 마을에 사는 순이 라는 처녀와 일시적인 호기심 때문에 넘지 못할 선을 넘고 말았다. 선을 넘은 직후 부터 그녀는 목숨 걸고 돌이를 따라 다녔다. 돌이 는 어쩌다 호기심에 한번 있었던 일을 가지고 지나치게 저돌적인 그녀가 부담되고 싫었다. 그 후로 가급적이면 그녀를 멀리하려 했 다.

반면에 그녀는 돌이와 결혼하겠다는 일념으로 적극적인 대시를 해왔다. 돌이는 그런 그녀가 너무나도 싫었다. 첫째는 너무 우악스 러운 것이 싫었다. 그리고 물불을 가리지 않는 것도 싫었다.

한마디로 여자다운 모습이라고는 찾아 볼 수가 없는 여자였다. 돌이는 어떻게 하면 그녀를 스스로 물러나게 할 수 있을까 하고 곰

곰 생각하던 중 첫 번째로 '혐오감'을 갖게 하는 방법을 쓰기로 했다. 그녀가 싫어할 만한 모습을 보이면 혐오감을 느껴서 스스로 떠나게 할 계획이다.

구체적인 방법으로 그녀가 나타날 즈음에 생마늘을 잔뜩 먹고 이빨에 고춧가루를 잔뜩 끼운 다음 트림을 하면서 웃어 보였다. 그녀가 혐오감을 느끼고 달아나기를 기대했던 것이다. 그런데 모처럼만에 돌이가 웃는 모습을 보자 그녀는 좋아서 어쩔줄을 몰라했다. 그녀 역시 이빨에 고춧가루가 하나 끼어 있었다. 그리고 한술 더 떠그녀는 돌이의 이빨에 낀 고춧가루를 떼어 주겠다며 "아" 하라고했다. 그리고 자신이 쓰던 거울을 주면서 결혼하면 양치까지 해주겠다는 말을 하는 것이었다.

돌이는 미칠 것 같았다. 질기고 질긴 그녀가 더욱 싫었다. 돌이는 집으로 돌아와 밤을 새워가며 혐오감을 느끼게 할 다른 방법을 실행에 옮겼다.

돌이는 한 가지 방법으로 암캐를 데리고 다니다가 그녀 앞에서 수시로 개에게 뽀뽀를 해 보였다. 그런 행동을 보면 혐오감을 느낄 것을 기대한 것이다. 돌이는 그런 행동을 해보이고 넌지시 그녀의 반응을 살폈다.

그런데 돌이의 기대는 여지없이 깨지고 말았다. 그녀는 그 개가 정말 귀엽다고 말하며 자기도 안아보겠다고 개를 빼앗아 갔다. 그리고 자기 집의 수캐와 결혼을 시키면 좋겠다고 말했다. 한수 더 떠서 자기도 수캐와 같이 자면 돌이를 안고 자는 기분이라고 하면서 개를 안고 자는 것은 너무 포근하다고 말하는 것이었다. 그 후 그녀는 늘 자기 집 수캐를 데리고 나타났다.

돌이는 일이 자신의 의도와는 전혀 다르게 전개되자 정말 미칠 지경이었다. 돌이는 다시 또 다른 혐오감을 느낄만한 방법이 없을까 하고 생각해 보았다. 돌이는 그녀에게 방귀를 뿜어 버티지 못하게 하는 방법을 쓰기로 했다. 평생 방귀를 뀌어대면 같이 살지 못할 것이라고 생각했다. 돌이는 하루 종일 화장실을 가지 않고 참았다가 그녀를 자기 집으로 초대하여 방문을 걸어 잠그고 그녀 앞에서 쉴 새 없이 방귀를 뀌댔다.

그러자 방귀소리를 들은 그녀는 냄새가 구수하다고 하면서 자기 방귀만 구린 줄 알았는데 부담 없어 잘됐다며 역시 합창으로 방귀를 뀌면서 좋아하는 것이었다. 돌이는 그 방법도 그녀에게는 통하지 않는다는 사실을 알았다. 돌이는 그녀가 기가 질릴 만큼 혐오감을 갖게 하는 새로운 방법을 궁리하기 시작했다.

한 가지 방법으로 뱀을 잡아서 구워 먹자며 뱀을 잡으러 가자고 제안했다. 그러자 세상에 이럴 수가 있느냐며 놀라는 것이었다. 돌이는 태연한척 하면서 뭘 그리 놀라느냐며 자신은 한 달에 한번은 뱀을 잡아먹는다고 말을 했다. 그 말을 듣자 그녀는 자기도 먹어보고 싶다며 같이 먹자고 졸라대는 것이었다. 한술 더 떠서 뱀은 생식이 좋다고 하니 잡으면 생식을 하자고 제안을 하는 것이었다. 돌이는 그런 그녀가 더욱 싫었고 결국 신경쇠약에 걸리게 되었다.

〈연구〉 혐오감으로 안통하면 다른 방법은 없을까?

2

돌이는 이제껏 써먹은 방법 즉, 혐오감을 느끼게 하는 방법 외에 보다 효과적인 다른 방법이 없을까 곰곰 생각하며 하루하루를 보냈다. 돌이는 그녀가 자신의 준수한 외모 때문에 그렇게 좋아하는 것이라는 판단이 들었다. 돌이는 자신의 '추한 외모'를 보여줘서 그녀를 떨쳐버리기로 했다.

구체적 아이디어로 팔에다 호랑이 문신을 그려서 그녀 앞에서 넌지시 보여 주었다. 그는 자신이 조금 희생되더라도 그녀를 따돌릴 수만 있다면 뭐든 하겠다는 자세였다.

그런데 그 문신을 보자 그녀는 남자답다며 다른 한쪽에도 마저 용 문신을 새기면 어떻겠느냐고 주문을 하는 것이었다. 그는 정말 미칠 것만 같았다. 정말 넌절머리 나는 거머리 같은 여자였다. 돌이는 이번에는 한쪽 양말만 신고 그녀 앞에 나타났다. 그러자 그녀는 누군가가 챙겨줄 사람이 있어야 한다면서 빨리 결혼하자고 서둘렀다.

돌이는 혹을 떼려다가 혹을 더 붙인 격이 되고 말았다. 돌이는 너무도 답답했다. 이러다간 그녀 때문에 노총각이 될 판이었다. 하는 수 없이 보다 더 질릴만한 방법을 찾기로 했다.

〈연구〉 추한 외모로도 안 되면 또 다른 방법은 없을까?

3

이번에는 장애인처럼 보이기로 했다. 그녀를 만날 때면 절뚝거리면서 걸었다. 그러자 그녀는 깜짝 놀라 어떻게 된 거냐고 물었다. 그는 다리를 크게 다쳐 한쪽 다리는 평생 쓰지 못한다고 말했다. 그 말을 듣고 그녀는 돌이가 몸이 건강치 못하니 자신이 도와야 겠다며 빨리 결혼하자고 졸랐다. 결국 장애인처럼 보이는 방법으로도 해결되지 않았다. 돌이는 이 방법도 포기해야 했다.

〈연구〉 장애인처럼 보여도 안되면 다른 방법은 없을까?

4

돌이는 그 후 한 달여 동안을 곰곰 생각해 보았다. 그냥 무작정 다른 여자와 결혼을 하자니 혼인빙자 간음죄에 걸릴까 두려웠다. 어쨌든 그녀가 스스로 물러나게 하는 방법을 찾아야만 했다. 그녀가 혐오감과 추한 외모 외에 스스로 물러날 다른 방법이 없을까 하고 궁리에 궁리를 해보았다.

　결국 한 가지 기발한 아이디어를 찾아냈다. 불치병에 걸려 회생 가능성이 없다면 효과가 있을 것이라는 판단을 한 것이다. 돌이는 자신이 폐병에 걸린 것처럼 속일 수 있는 방법을 구상했다. 그래서 그녀와 만나 대화를 나누다 잠시 화장실에 다녀온다며 진한 색소를 탄 포도주를 한입 물고 그녀 앞에서 기침을 했다. 그의 입에서는 벌건 액체가 튀어 탁자에 퍼졌다. 그러자 그녀는 깜짝 놀라 웬 피가 입에서 나오느냐며 기겁을 하는 것이었다.

　돌이는 자신이 폐병 3기에 걸려 회생이 어렵다며 눈물을 흘려 보였다. 그녀는 눈물을 흘리며 자신의 잘못을 용서해 달라고 했다. 그것도 모르고 피곤하게 한 것에 대한 용서를 빌었다. 그리고 잠시 후 그녀는 어디론가 사라졌다. 그는 이젠 됐다고 생각을 했다.

　그런데 며칠 후 그녀는 다시 나타났다. 그리고는 폐병에 좋은 약을 구해다가 억지로 먹이는 것이었다. 돌이는 더 이상 할 말이 없었다. 자살해 버릴까 하는 생각도 들었지만 낳아주신 부모님께 불효하고 싶지는 않았다.

　돌이는 그 후 아무 생각 없이 몇 개월을 보냈다. 몇 개월간을 고심 끝에 그는 새로운 방법을 찾았다. 그것은 그녀가 떠나갈 수밖에 없는 기발한 방법이었다. 그녀를 조용히 만나 심각하게 할 말이 있다며 분위기를 잡았다. 자신이 에이즈에 걸렸다는 말을 했다. 그리고 만일 자기와 함께 있으면 상대도 에이즈에 걸릴 수 있을 것이라며 겁을 주었다. 그러자 순이는 돌이를 끌어안더니 눈물을 흘린 후 말없이 돌아갔다.

그녀는 그 후 돌이 앞에 나타나지 않았다. 한 달이 지났지만 눈앞에 나타나지 않았다. 그는 이제 살 것만 같았다. 이젠 마음을 정리하고 다른 여자와 사귀려고 선도 보기 시작했다.

그런데 얼마 후 돌이는 기절하지 않을 수가 없었다. 한 달여 만에 그녀가 에이즈 특효약을 구해 다시 나타난 것이었다. 돌이는 기가 질렸다. 그는 에이즈 가지고도 안 된다는 판단 하에 다른 방법을 궁리하기 시작했다.

〈연구〉 불치병에 걸렸다고 해도 안 되면 다른 방법은 없을까?

5

돌이는 그 후 몇 개월 동안 궁리에 궁리를 해보았다. 그녀가 스스로 물러나게 하는 획기적인 방법이 없을까? 돌이는 그녀에게 정말 기가 질릴만한 방법을 제시하기로 했다. 이번에는 아주 혁신적인 발상을 한 것이다.

어느 날 그는 시내에서 벙어리를 보고 정말 살기가 힘들 것이라는 생각을 했다. 그는 거기서 힌트를 얻었다. 그녀를 만나 벙어리 흉내를 내면서 자신이 성전환 수술을 하다가 잘못되어 벙어리가 되었노라고 글로 써보였다. 그리고 지금은 남성도 여성도 아닌 중성이 되어버렸다고 글을 써서 보였다.

　그러자 그녀는 말없이 떠났다. 그리고 다시는 나타나지 않았다. 한 달, 두 달 아니 일 년이 되어도 나타나지 않았다. 그 후 2년이 지나 그녀가 한 아이를 업고 남편과 시장을 보러가는 것을 보고 성공했다는 안도의 한숨을 쉴 수 있었다. 돌이는 몇 가지 방법을 써보았지만 듣지 않았을 때 포기하지 않고 다양한 방법을 활용한 결과 그 가운데 통할 수 있는 하나의 방법을 적중시킬 수 있었다.

양자를 만족시켜라

　인간관계에서 거래를 하다보면 합의가 쉽게 되지 않는 경우가 종종 있다. 특히 한쪽이 손해를 보는 경우 더욱 그렇다. 그 누구도 손해 볼 일을 하려고 하지 않기 때문이다. 한쪽이 손해를 보게 된다면 양보하라고 설득해서 응하는 경우는 거의 없다. 설사 양보한다 하더라도 마음에 응어리는 남게 마련이다.

　양보하는 경우가 있다면 그것은 자신의 양보가 결국 다른 측면에서 득이 될 것이라 판단하기 때문일 것이다. 2010년 한미 FTA 재협상이 그랬다. 북한의 위협 때문에 위협을 막기 위해 미국의 요구를 대폭 들어준 것이다.

　노사 간의 협상도 여야 간의 협상도 한쪽이 손해가 된다고 생각하기 때문에 협상이 쉽게 되지 않는 것이다. 이럴 때 양보를 얻어내기 위한 전략을 수정하여 양쪽 모두가 만족할 수 있는 방법을 찾아보자. 의외로 간단한 방법이 있을 수 있다. 동물의 세계에서도 새들이 무시무시한 악어의 입속을 곡예를 하듯 드나들면서 포식을 한다. 그런데 놀랍게도 악어는 입속에 들어온 새들을 절대 잡아먹지 않는다. 이유는 새들이 악어의 이빨에 낀 이물질들을 깨끗이 청소해 주기 때문이다. 상호 만족을 주고 받는 셈이다.

이와 같이 동물들은 참으로 지혜롭게 살고 있다. 만일 상호 이해 관계에 의해 문제가 잘 풀리지 않을 때 자신만이 아니라 상대도 동시에 만족시킬 수 있는 방법을 찾는다면 결과는 어떨까? 이 방법은 오늘날 국제관계에 있어서 협상을 할 때 자주 활용되는 방법이다. 이러한 방법을 잘 활용하는 사람들은 협상에서 타결을 잘 이끌어낸다. 문제를 해결하는 방법에는 무수히 많은 방법이 있다. 미처 생각하지 못했던 상호 이익이 되는 방법을 찾아본다면 방법은 반드시 있을 것이고 문제는 의외로 순조롭게 풀릴 수 있는 것이다.

::범법자

P씨는 A교도소에 근무한지 12년째 되는 베테랑 교도관이다. 그를 통해 포승줄이 묶이거나 풀린 범법자만도 수천명에 이른다. 그는 어느날 색다른 생각을 하게 되었다. 교도소에는 대개 혈기 왕성한 젊은이들이 왕성한 체력을 주로 감옥에서 보내고 있다.

그러니까 엄청난 노동력을 낭비하고 있었던 것이다. 게다가 교도소는 만원이라서 더 이상 수용할 능력도 부족하다. 그는 이중에서

흉악범이나 중범이 아닌 범인들의 경우 노동력을 낭비하지 말고 그 체력에 따라 노동력을 활용하는 것이 어떨까 하는 생각을 하게 되었다.

그래서 그는 교통사고 범법자들은 고속도로 청소 봉사를 시킨다든지, 성 폭력범은 난지도 쓰레기 처리를 하는 일을 시키는 방법을 제안했다. 본인들도 따분하게 갇혀 있는 것 보다는 나을 것이고 봉사를 받는 측도 이득이 되는 것이니 양자 모두 만족이 되는 것이 아닌가! 각종 범법자들의 노동력을 낭비할 것이 아니라 도주의 우려가 없는 경우 사회봉사를 시킨다면 어떨까?

▨진단

호경이네는 집 뒤에 공용으로 쓸 수 있는 작은 밭이 있다. 해마다 봄이 되면 상치며 열무 등을 심어놓고 주말에는 온가족이 채소를 가꾸며 또 거기서 나오는 싱싱한 야채를 가지고 식탁을 꾸린다. 자신들이 손수 가꾼 탓인지 시장에서 사먹는 것과는 비교가 안 될 정도로 맛이 있다.

그런데 지난해 가을부터 맞은편에 사는 초롱이네 닭이 채소밭을 파헤쳐서 채소를 거의 망쳤다. 몇 번이나 항의해 보았지만 그 밭이 호경이네 밭도 아니고 공터인데 호경이네만 사용하라는 법이 있느냐며 도리어 이기적인 사람이라고 비난을 하는 것이었다.

호경이네는 금년에도 채소를 심으려 하는데 초롱이네 닭이 더 성화를 부릴 것만 같아 몹시 신경이 쓰인다. 지난해 보다 닭이 더 늘었고 지난해에 맛을 본 닭들이 다른 닭들을 데리고 나설 것은 불보듯 뻔하기 때문이었다. 호경이네는 채소를 심기 전에 온가족이 모여 문제 해결을 위한 아이디어를 모았다.

가족회의 결과 나온 아이디어들은, 철망을 치자, 수렁을 파자, 전기를 가설하자, 올가미를 씌우자, 발가락을 모두 자르자, 발에 쇠붙이를 달자, 주둥이를 자르자, 농약을 살포하자, 털을 모두 뽑자, 지뢰를 설치하자, 닭 도둑에게 정보를 주자, 개를 기르자, 매를 기르자, 쥐약을 놓자, 닭을 돌로 때리자, 허수아비를 세워두자, 자동으로 개소리가 나게 하자, 싸움닭을 키우자, 주인집 애를 때린다, 주인집 사과나무를 벤다, 주인집 호박에 말뚝을 박는다, 털을 뽑아 판다는 등 많은 기발한 아이디어들이 나왔다.

그러나 위의 아이디어를 실시했다가는 부작용 때문에 더 큰 문제에 시달릴 것이라는 분석이 나왔다.

그래서 이번에는 닭을 오지 못하게 하는 방법에만 국한하지 말고 오는 닭을 이용해 보자는 아이디어가 나왔다.

오는 닭을 이용하는 아이디어로, 수탉을 키우고 알 낳는 집을 만들어 알을 뀐다, 바베큐를 해먹는다, 바비큐 해서 주인집 가족을 초대하여 만찬을 한다, 닭을 상대로 해서 개를 훈련시킨다, 등의 아이디어가 나왔다.

그러나 이 방법들 역시 사후에 문제가 있다는 것 때문에 염려되어 시행할 수 없었다. 그들은 며칠간을 쉬었다가 다시 문제 해결을 위한 아이디어를 내기 시작했다.

그때 호경이가 양쪽 다 좋은 방법을 찾아내면 될 것이 아니냐며 그런 방법을 찾아보자고 제안했다. 양자가 모두 만족하는 방법은 없을까?

▨풀이

집에 수탉을 키워 수정란을 만들어 주고 밭에는 집에서 먹고 남은 음식물 찌꺼기를 닭에게 제공하자는 것이었다. 이 경우 닭이 많이 올수록 좋으니 막으려고 애쓸 필요도 없고 음식물 찌꺼기도 처리되어 좋지 않느냐는 것이었다. 가족 모두가 좋은 아이디어라고 기뻐했다.

그러나 채소는 모두 버리게 되지 않겠느냐며 문제를 제기했다. 그래서 채소를 버리지 않는 방법을 찾기로 했다. 꼭 채소를 키워야만 되느냐며 채소 대신 밭에 닭이 와도 피해가 안 되는 밤나무를 심자는 것이었다. 음식물 찌꺼기는 닭에게 무료로 제공하고 닭은 음식물 쓰레기를 처리해 주니 양자가 모두 만족하는 묘안이 아닌가!

양면을 공격하라

어떤 문제가 생기면 문제 해결에 각인된 측면에 대한 대처 방안을 생각하는 것이 일반적이다. 문제를 만든 대상만을 생각하기 때문에 아이디어가 그에 고착되고 마는 것이다. 이럴 경우 아이디어도 제한된 범위 내에서만 나오게 되고 효과 또한 제한된 효과만을 기대할 수밖에 없다.

말을 안 듣는 아이 때문에 고심을 하고 있을 때 말을 안 듣는 아이를 어떻게 할까 하고 말을 안 듣는 아이에 대한 처리 방법만을 생각하게 된다는 것이다. 이 경우 매질을 한다든가, 용돈을 안준다든가, 벌을 준다든가, 밥을 안 준다든가 하는 등의 방법 밖에는 나올 수 없게 된다. 나름의 효과는 있겠지만 그래도 안 듣는다면 어떻게 할 것인가?

다른 시각과 방법으로 접근해 보자. 말을 안 듣는 아이만 대상은 아니다. 잘 듣는 아이에 대한 방법을 동시에 마련한다면 효과는 배가하게 된다.

말을 잘 듣는 아이에게는 선물을 사준다거나, 용돈을 준다, 청소 당번을 면제해 준다는 등의 방법도 있을 것이다. 그러면 말을 잘 듣던 아이에게도 말을 더 잘 듣고자 하는 동기부여가 될 것이고 이득을 위해서 말을 안 듣던 아이에게도 효과가 나타난다.

기업에서는 제안활성화를 위해 제안을 하는 사람에게는 인센티브를 준다는 개념의 틀이 잡혀 있다. 해외여행 포상이나 인사고과를 올려 준다거나 상금을 주는 방법 등이 이에 속한다. 그러나 잘하는 사람에게 인센티브를 준다는 편협한 아이디어만으로는 제안활성화가 잘되지 않는다. 안 해도 손해는 없는데 귀찮게 아이디어를 낼 필요가 없다는 것이다.

하지만 그 반대의 측면에 대해서 발상을 할 수도 있는 것이다. 제안을 안 하는 사람을 대상으로 손해가 되게 하는 방법도 결과적으로 같은 효과를 주어 제안활성화의 상승을 유도할 수 있는 것이다. 예를 들면 제안을 하지 않는 사람은 상여금을 깎는다거나 인사고과를 깎는다거나 진급에서 불이익을 주는 방법 등을 동원한다면 효과는 배가할 것이다.

::옷 팔기

옷을 만들어 판매하는 회사의 유 사장은 열 곳의 매장을 두고 옷을 판매하고 있는데 갈수록 경영상태가 어려워졌다. 그는 경영이 어렵다며 열심히 하자고 아무리 독려해 보았지만 이렇다 할 변화가 없었다. 하루는 이유를 알아 본 바, 매장 직원들은 고객이 많은 것을 바라지 않고 있었다. 이유는 매출을 많이 올려봤자 바쁘고 힘들기만 할 뿐 자신들에게는 더 돌아오는 것이 없기 때문이었다.

그 사실을 알게 된 유 사장은 잘 파는 매장이나 못 파는 매장이나 똑같이 월급을 줘서는 안 되겠다는 생각이 들었다. 그래서 그는 목표량을 정해서 목표량을 달성하지 못한 매장에는 상여금을 30% 감하기로 했다. 그러자 대부분의 매장에서 목표량을 채웠다.

그러나 목표량 이상은 채우지를 않았다. 그래서 그는 다시 목표량을 채우고도 그 이상의 매출을 올리는 매장에 대해서는 상여금을 30% 인상해 주기로 했다. 그러자 거의 모든 매장에서 목표량을 능가하는 실적을 올렸다.

::싸움

매일 싸우는 쌍둥이 형제가 있었다. 그들은 주로 형 또는 아우가 무엇을 더 갖거나 상대적으로 자신이 부모로 부터 사랑을 덜 받는다고 생각이 될 때면 싸웠다. 부모는 안 그래도 한꺼번에 둘을 키우기가 힘든데 싸움만 하니 어머니는 무척 힘들었다. 부모는 싸움을 하지 못하게 하기위해 어느 날 부터 먼저 싸움을 건 아이는 회초리로 두 대를 맞고 상대방은 한 대를 맞기로 규정을 정했다. 그러자 그 후 싸움하는 일이 없었다.

그러나 이내 전과 다름없이 싸움이 계속되었다. 어머니는 매의 강도를 높였다. 먼저 싸움을 건 아이는 네 대를 맞고 싸움에 동참한 아이는 두 대를 맞는 것이었다. 그 효과는 나타나 싸움은 줄었다.

그러나 시간이 지나자 그것도 효과를 발휘하지 못했다. 매 맞는데 이골이 난 아이들은 그까짓 매 맞는 것쯤은 두려워하지 않았다. 그들에게는 상대방 보다 더 많이 갖고 싶어 하는 마음이 매에 대한 두려움 보다 컸던 것이다.

부모는 강도를 계속 높여 나갔지만 해결할 수가 없었고 체벌로는 도저히 해결이 안 되자 방법을 바꾸었다. 그 후로는 싸움을 안 하는 아이는 업어 주고, 그리고 싸움을 걸지 않은 아이에게는 먹을 것과 용돈을 두 배로 주었다.

즉, 벌 대신 인센티브를 준 것이다. 그 후 어머니의 사랑을 많이 받기를 원했던 쌍둥이들은 싸우는 일이 없어졌다.

어머니는 그제야 한시름을 놓았고 잘못을 하는 아이에게 체벌을 준다는 통념에 사로잡혀 한 가지 방법에만 집착했던 사고에서 벗어나 그와 반대의 방법도 생각하고 지혜롭게 문제를 해결하는 어머니가 되었다.

정 · 리

최근 몇 년 사이에 탤런트 최진실을 비롯하여 장자연, 현대그룹 정몽헌, 이건희 회장의 셋째 딸 이윤영, 안상영 전 부산시장, 남상국 대우건설 사장, 박태영 전남지사, 이준원 파주시장이 자살했다. 그들은 사회적으로 부러움의 대상들이었다. 그들이 자살한 이유는 모두가 자신 앞에 놓여 있는 문제를 해결하지 못했기 때문이다. 만일 자신이 처한 상황을 타개할 수 있는 다양한 사고를 했더라면 자살을 하지 않았을 것이다.

반면 고 김대중 대통령은 야당시절의 수많은 고초와 난관을 헤치고 지역과 학력의 한계를 극복하고 대한민국 15대 대통령이 되었고 IMF라는 경제위기를 극복했을 뿐만 아니라 노벨평화상까지 받았다.

누구나 문제를 만나지 않을 수는 없다. 같은 문제를 만났더라도 문제앞에 좌절하는 사람이 있는가 하면 문제를 전화위복의 기회로 삼는 사람도 있다. 심지어는 암과 같은 큰 시련을 도리어 전화위복의 기회로 만든 사람도 있다. 경기도 하남시의 이종숙 주부는 상선암, 사구체신염, 위암, 자궁세포변형까지 네 가지 암을 앓던 주부다.

그녀는 녹차를 통해 네 가지 암을 모두 치료하고 지금은 많은 암환자들에게 녹차를 통한 암 치료 전령사로 나서고 있다. 그녀는 오히려 여러 가지 암으로 인해 건강을 알게 되었고 가족과 이웃의 건강을 지킬 수 있게 되었다며 자신이 암에 걸렸던 일이 오히려 축복이었다고 말한다.

자신에게 다가온 난치병과 같은 위기를 전화위복의 기회로 만든 사람이 있는가 하면 다른 사람들이 부러워하는 상황이 오히려 불행으로 된 사례도 적지 않다. 문제를 만났을 때 고정관념을 타파하고 문제를 바라보는 시각과 대처하는 사고의 유연성을 통해 당면한 문제를 극복하고 성공할 수 있을 것이다.

윤태호의 사고력 길라잡이

상식 밖에 길이 있다

저자_ 윤태호

초판 1쇄 인쇄_ 2010. 12. 29.
개정판 1쇄 인쇄_ 2013. 02. 01

발행처_ 도서출판 행복나무
발행인_ 윤효경
편집_ 김미화
디자인_ 다인디자인
인쇄_ 상지사P&B

등록번호_ 제2010-000026호
등록일자_ 2010. 12. 29.

주소_ 경기도 용인시 기흥구 사은구 사은로 126번길 33
전화_ 070-4231-6847
팩스_ 031-405-6847
이메일_ happytreehye@naver.com

값은 표지에 있습니다.
ISBN 978-89-965959-0-8   03320